'착한 사람 콤플렉스(complex)'를
벗어나는 뇌의 습관

'착한 사람 콤플렉스(complex)'를
벗어나는 뇌의 습관

초판 1쇄 발행 2019년 6월 1일

지 은 이 모기 겐이치로
옮 긴 이 임순모
발 행 인 권선복
편 집 오동희
삽 화 임주영
디 자 인 서보미
전 자 책 서보미
발 행 처 도서출판 행복에너지
출판등록 제315-2011-000035호
주 소 (07679) 서울특별시 강서구 화곡로 232
전 화 0505-613-6133
팩 스 0303-0799-1560
홈페이지 www.happybook.or.kr
이 메 일 ksbdata@daum.net

값 15,000원
ISBN 979-11-5602-721-8   13190

'착한 사람 콤플렉스'를 벗어나는 뇌의 습관

모기 겐이치로 지음 / 임순모 옮김

도서출판 행복에너지

어떤 부탁을 받더라도,
웃으면서 받아주지는 않나요?

주위의 기대에 부응하려고 필요 이상으로 노력하고 있는⋯.

늘 본인만 그런 역할을 맡고 있는⋯.

그런 여러분에게 뇌과학자가 진심으로 전하는 어드바이스!

인간관계를 편하게 만들어주는 16가지의 '뇌내 혁명'

"부탁을 받으면, 무엇이든지 수락합니다⋯."

"다른 사람으로부터 미움을 받는 것이 두려워

NO라고 거절을 못 합니다⋯."

매번 분위기에 눌려 어쩔 수 없이 부탁받고,

늘 손해만 보곤 하는⋯.

그런 사람들은 어떻게 하면

'착한 사람 콤플렉스'에서 벗어나는 것이 가능할까요?

여러분의 '뇌' 속에, 그 해답이 있습니다!

시작하면서

인생을 바꾸고 싶다면 지금 당장
'착한 사람'을 졸업하자!

부탁을 받으면, 무엇이든지 수락한다….

다른 사람들에게 미움받는 것이 두려워 NO라고 거절하지 못한다….

세상에는, 그런 '착한 사람'들이 무척 많습니다.

그렇지만 그런 사람은 정말 '착한 사람'일까요?

이른바, '분위기에 맞추는 착한 사람'입니다.

어떤 부탁을 하더라도 거절하지 못하고, 매번 분위기에 눌려 다른 사람들에게 이용당하기 쉽고, 늘 손해를 보곤 하는….

이 책을 손에 들었다면 여러분에게도 그런 기억이 있기 때문이 아닐까요?

'착한 사람'들은 늘 '사람들의 눈치'를 살피고, 무의식적으로 상대가 원하는 '착한 사람' 역할을 맡고 있습니다.

물론 '착한 사람'이 되어 주위에서 어느 정도 평가를 받을 수도 있고, 타인과 불필요한 충돌을 피할 수도 있습니다. 그렇지만 그렇게 **여러분이 '착한 사람'으로서 인내하더라도, 주변 사람들과 진정한 의미의 '신뢰관계'를 형성하는 것은 불가능합니다.**

좋든 나쁘든 고지식하게 근면한 일본인은 주위의 기대에 부응하려 노력하는 경향이 있습니다. 다른 이들로부터 기대를 받고, 그 기대에 보답하는 것으로 자신의 가치와 존재를 드러내고 싶어 하는… 그런 기질이 강합니다.

이런 기질을 뇌과학적으로 분석해 보면, 뇌 안쪽에 있는 전두전피질(前頭前皮質)이라는 부위가 **'자기'**라는 개념을 만들어내어 사람들로부터 인정받고 싶다는 강한 생각, 즉 **'승인욕구'**를 작동시키고 있음을 알 수 있습니다. 이 승인욕구는 적당한 선에서는 사람이 사회를 살아가기 위해서 필요한 욕구입니다.

서로가 서로에게 도움이 되도록 살 수 있게 하는, 즉 이타적인 삶의 원동력이 되는 욕구이지만, 이 사고방식이 지나치면 자신은 물론 주위에도 부정적인 영향을 미치게 됩니다.

'나만이라도 마음대로 말해서는 안 된다' '나는 주위에서 가치 있는 사람이 되어야 한다'라는 생각은, 자신을 과중한 스트레스에 몰아넣어 몸을 망가뜨리는 원인이 됩니다.

일본에서는 이처럼 자신의 존재 이유를 얻기 위해 '착한 사람'을 연기하는 사람들이 너무나도 많습니다. 그렇게 '착한 사람'이 되어 뇌가 피로할 정도로 피곤한 삶을 살아가고 있는 사람들이, 깨끗하게 리셋(Reset)하여 '진정한 자기 자신'으로 돌아가는 동기로 삼았으면 하는 바람이 이 책을 집필하게 된 이유입니다.

먼저 여러분들이 자신도 모르게 '착한 사람'을 연기

하고 있지는 않은지 체크해 보시기 바랍니다.

□ 자신의 의견이 있지만 좀처럼 말할 수 없다.

□ 자기보다 다른 사람의 형편을 우선시한다.

□ 주위로부터 감사받는 것이 삶의 보람이다.

□ "예, 좋아요." "알았습니다."라고 반사적으로 대답해 버린다.

□ 자신은 '참고 있는 것이 많다'고 느낀다.

□ 모두가 즐거우면 나도 즐겁다.

□ 사람들로부터 미움받는 것이 두렵다.

□ 다른 사람들이 나를 어떻게 보고 있을까, 항상 신경이 쓰인다.

□ '손해 보는 역할'을 항상 맡는다.

□ '착한 행동에는 항상 보상이 있다'고 믿고 있다.

어떻습니까?

해당 항목이 많으면 많을수록 여러분은 세상에서 말하는 '착한 사람'일 가능성이 높습니다.

그럼 어떻게 하면 '착한 사람'에서 벗어나는 것이 가능할까요? 그 방법을 지금부터 제안해 드리고 싶습니다.

혹시 여러분들이 그 방법에 거부감을 느낄지 모르겠지만, 그렇더라도 조금만 실행해 보시길 바랍니다.

늘 같은 사고방식에 갇혀있던 두뇌의 회로에 '잔잔한 물결'을 일으켜 보세요.

단단하게 응어리져 굳어진 뇌 속에 작은 혁명을 일으킴으로써, 뇌는 다시 소리 내어 움직이기 시작할 것입니다.

더 이상 다른 사람들에게 휘둘리지 않고, 자유의지로 행동하고 자신의 마음과도 마주할 수 있게 됩니다.

또한 부정적인 감정에 휩싸이지 않고, 무엇이든지 긍정적으로 생각하게 됩니다.

여러분이 이 책을 통해 '착한 사람 콤플렉스(complex)'에서 벗어날 수 있는 힌트라도 얻게 된다면, 필자로서 그 이상 기쁜 일은 없을 것입니다.

모기 겐이치로

추천사

김성철 | BGC (KOREA) 대표

관계 속에서 NO라고 말하지 못하는 것은 착한 사람의 행동일까요? 아니면 고립되지 않기 위해 착한 사람인 척하는 것일까요? 가족과 사회가 요구하는 역할에 따라 자신의 본모습과는 다르게 행동하는 "페르소나"적 모습은 우리의 정체성을 억누르고 가면을 쓴 행동을 요구합니다.

정년을 앞둔 은퇴자들이 겪는 가장 큰 두려움 중 하나는 관계의 단절이라 합니다. 그것은 고독에 대한 두려움일 수도 있지만, 동시에 인간관계에 대한 욕망을 의미하기도 합니다. 모든 욕망은 필연적으로 갈등을 유발하고 갈등은 지울 수 없는 상처로 남기도 합니다.

인간관계에 있어 정답이란 있을 수 없지만 서로의 입장 차이를 인정하고 접근한다면 한결 편하게 받아들일 수 있습니다. 이 책의 저자 모기 겐이치로는 사람 간의 관계 속에서 벌어지는 인간의 기본적 욕망과 갈등의 관계를 뇌과학을 통하여 들여다보고 구체적인 해결 방법을 제시하고 있습니다.

타인에게 휘둘리지 않고 자기중심적인 자유의지로 행동하고 싶은 독자들에게 큰 용기를 줄 수 있는 책이라 생각합니다.

목차

CHAPTER_4

'착한 사람'을 벗어나서, 훨씬 더 자유롭게 살아가자!

끝으로

모두에게 미움받지 않는 사람은, 한 사람도 없다.
모두에게 미움받는 사람 역시, 한 사람도 없다.

CHAPTER 1

뇌는 왜 '착한 사람'을 연기하는 것일까?

1. 어떤 부탁을 받더라도 웃는 얼굴로 수락하고 있지 않나요?

2. 성공하는 사람의 뇌와 성공하지 못하는 사람의 뇌의 큰 차이

3. 점점 자신을 드러내지 않게 되는 '고정관념'이라는 뇌의 올가미

어떤 부탁을 받더라도 웃는 얼굴로
수락하고 있지 않나요?

모든 사람이 좋아하는 사람은 존재하지 않는다

누구에게나 호감을 받고 싶은 '착한 사람'이 있습니다.

이는 유별난 것이 아니며, 요즘 사회에서는 누구나 좋은 인간관계를 구축하려고 열심히 노력합니다.

사람들에게 호감받고 싶다고 생각하는 것은, 뇌과학적으로 생각해도 지극히 자연스러운 감정입니다. 그러한 기분을 가지는 것은 우리들이 사회적인 동물로서 진화해 온 증거이기도 합니다. 물론 저 역시 다양한 인간관계에 둘러싸여 생활하는 것이 행복하다는 것에는 이론의 여지가 없습니다.

그렇지만 '착한 사람'으로만 연기해 만들어진 인간관계를 진정한 인간관계라고 부를 수 있을까요?

호감을 받고 싶다는 순수한 마음이 어느 사이에 '모든 사람에게서 호감'을 받아야 한다는 강박관념으로 변하여, 여러분의 마음속에 '착한 사람'이라는 별도의 인격체를 만들어냅니다.

어떤 이유에서든 자신을 '착한 사람'으로 가장한다면, 결국 사람들로부터 믿음을 잃게 됩니다. 자기 자신을 속이면서까지 맺어진 인간관계는 좋은 결과를 가져오기가 어렵습니다.

원래 세상에는 모든 사람들이 좋아할 수 있는 사람은 한 명도 없습니다.

그것은 저 역시도 그렇습니다.

인간관계가 대단히 뛰어난 사람일지라도, 모두가 그 사람을 좋아하긴 어렵습니다. 그 사람에 대하여 나쁘게 말하는 사람이 있을 뿐 아니라 싫어하는 사람도 반드시 있습니다. 이것이 인간관계의 본질 아닐까요?

그런데 의외로 이러한 본질을 인정하지 않는 사람이 많고, 이들은 모든 사람들에게 인정받고 싶다는 일념으로 '착한 사람'을 연기하며 고통받고 있습니다. 자신의 본질을 잘 모르고 있는 사람일수록 이런 생각에 함몰되기 쉽습니다.

자기를 억제하고 늘 타인의 눈치를 보고, 미움받는 것을 마치 악당이나 악마가 되는 것처럼 단정짓게 되니 자신의 세계는 점점 작아집니다. 이렇게 자신의 세계를 축소시키며 살아가는 것은 무척이나 안타까운 일입니다.

그러니 인간관계의 본질을, '인간은 누구라도 사랑받을 수 있고, 미움받을 수도 있다'고 새롭게 생각해 보세요.

혹시 여러분이 지금까지 '착한 사람'으로 행동해 왔다면, 그런 자신을 인정하고 받아들이면서, 이렇게 마인드 체인지를 해보시기 바랍니다.

모두에게 미움받지 않는 사람은, 한 사람도 없다.

모두에게 미움받고 있는 사람 역시, 한 사람도 없다.

만약, 여러분이 '착한 사람'에서 벗어나서 100점의 자신과 만났다고 합시다.

그런 여러분을 어떤 사람은 50점으로 평가할 수도 있지만, 그중에는 '당신에게 그런 면이 있었네' 하고 100점을 주는 사람도 틀림없이 있습니다.

그러므로 '착한 사람'이 되려 하지 말고, **'착한 사람'을 거부한 여러분을 평가해 주는 사람들에게 더 좋은 평가를 받기 위해서는 어떻게 하는 것이 좋을까**, 하고 생각하는 것이 중요합니다.

'착한 사람'을 연기하고 있을 때, 뇌에 부담이 가해진다

'착한 사람이라 불리고 싶다'
'미움을 받고 싶지 않다'

'악인으로 취급되는 것이 싫다'

그런 생각으로 어떤 부탁이든 웃으며 수락하고 있지는 않은가요?

다른 사람에게 납득되지 않는 면이 있더라도 미움받는 것을 피하고 있다면, '착한 사람'을 연기하고 있는 것입니다.

다른 사람으로부터 미움받고 싶지 않아 '참아야지'하며 자신을 억누르고, 늘 상대에게 맞추는 언행을 하게 됩니다. '착한 사람'을 하루빨리 벗어나고 싶어 하면서도 늘 손해 보는 역할을 합니다.

그 원인은 바로, 여러분의 뇌 속에 있습니다.

'착한 사람'으로 행동하고 있는 여러분 뇌에 무슨 일이 일어나고 있는 것일까요? 실은 바로 그 순간, 여러분 뇌 속 전두엽에서는 억제회로가 강하게 작동하고 있습니다.

뇌의 전두엽은 자신에게 불리한 방향으로 사고가 움

직이면 억제를 가하고 사고를 멈추게 하여 자신을 지키도록 하는 성질이 있습니다.

인간관계에서도 똑같아서, **상호관계에 풍파가 일어날 것 같은 상황이 되면 뇌는 '미움받지 않도록' '이상한 사람이 되지 않도록' 다양한 억제를 가하기 시작합니다.**

즉, 자기 자신이 벗어나고 싶어도 뇌 자체가 변하지 않는 것입니다.

'착한 사람'에서 벗어나려고 해도, 뇌가 저항하고, 자신의 개성을 짓누르며, 무리하게 타인에게 맞추려 일하기 시작하는….

자제력은 사회를 살아가기 위해 필요한 능력입니다. 그리고 때로는 자신의 기분을 억제하는 것도 필요합니다. 그러나 '착한 사람'으로서 자제심이 너무 강한 상태에서 억제 회로가 움직였을 경우, 여러분이 가지고 있는 잠재능력이 100이라면 10은커녕, 1도 발휘할 수 없게 됩니다.

'착한 사람'으로 행동하는 이들의 3가지 특징

사람이 사회에서 살아가기 위해서는 어느 정도 자신의 감정을 다스리는 것도 필요합니다. 그렇지만 '착한 사람'인 척하고 자신을 속이면, 결과적으로 스트레스를 받고 괴로워집니다. 귀찮은 일을 강요받고 내가 하고 싶은 것은 전혀 할 수 없는… 이런 상태의 큰 문제점은, 시간과 물질적인 손해뿐만 아니라 심리적인 스트레스를 안게 된다는 것입니다.

'착한 사람' 역할에 억눌렸다.
'착한 사람'이 되어야 한다.

이런 관념은 자신이 정말 하고 싶은 것을 할 수 없다는 결론으로 이어져 결국에는 자기기만, 자신에 대한 신뢰상실로 연결됩니다. 그러면서도 일단 주위에서 '착한 사람'으로 평가를 받게 되면 타인이 기대하는 '착한 사람' 역할에 맞추기 위해, 그 후로도 계속 '착한 사람'으로 행동하게 됩니다. 다른 사람으로부터 "당신, 착한 사람이네요?"라는 말을 듣는 것을 포기할 수 없게 되어, 지속적으로 '착한 사람'을 연기하며 일관성을 유지하려 합니다. 그리고 **있는 그대로의 자신을 드러낼 수 없고 진정한 자신은 이해받지 못할 거란 생각으로 스트레스가 축적되어 갑니다.**

이렇게 '착한 사람' 연기를 하고 있는 사람들에겐 몇 가지 공통적인 특징이 있습니다.

1. 자신에 대한 믿음이 없다

'착한 사람'을 연기하는 사람의 특징 중 하나는 '자신감이 없다'는 것입니다.

있는 그대로 자신을 드러내면 주위 사람들이 상대해주지 않을 거라는 불안감이 들기에 결국 '착한 사람'이 되려고 합니다. 가령 무엇을 할 때, 자신에게 믿음을 가진 사람은 주변 사람들이 어떻게 생각하는지 신경 쓰지 않습니다.

그런데 자신에 대한 믿음이 없는 사람은, 늘 주위 평

가를 의식하고 주위 사람들이 자신을 '착한 사람'이라고 생각하는 것을 마음의 보람으로 삼고 있습니다.

2. 자신의 의지가 약하다

'착한 사람'을 연기하는 사람은 '내가 이렇게 하고 싶다'는 의지가 약하고, 표현이 서툴다는 특징이 있습니다. 상대의 주장에 휩쓸리기 쉽고, 자신보다 타인의 의견에 부합하여 결정하는 경우가 많습니다. 늘 '착한 사람'을 연기하고 있기에 항상 타인의 평가에 부족함이 없는지 매달리며 형식에 박힌 행동밖에 할 수 없습니다.

내가 어떻게 생각하는가에 집중하지 않고, '이렇게 보여야만 한다'는 관념과, '이렇게 생각할지 모른다'는 불안감으로 틀에 박힌 사고로 빠지는 경향이 있습니다.

3. 타인의 평가에 신경 쓴다

'착한 사람'으로 행동하는 사람은 '자신을 다른 사람들이 어떻게 보고 있는가'에 늘 신경 쓰고 있습니다. 그래서 '상대의 기대에 부응하는 자신이 무엇보다 중요하다'고 생각하고, 그에 따라 행동합니다.

의외라 생각할지 모르지만, 이런 사람들을 **'자기애가 강한 사람'**이라 말할 수 있습니다. 평상시 타인에게 인정받기 위해 표면적으로 '착한 사람'을 연기하지만, 누구도 인정해 주지 않는 현실에 부딪히게 되면 때로는 허무감에 휩싸이거나 공격적으로 변하기도 합니다.

'착한 사람'으로 행동하며 자신을 속이는 것은 이렇게 무리가 따르고 스트레스가 쌓이는 무척 괴로운 일입니다. 그러니 먼저 '착한 사람'이 되어야 한다는 생각에서 자신을 풀어줘야 합니다.

'착한 사람'에서 벗어나면 도대체 어떤 점이 좋을까요?

스트레스에서 해방되며, 잠재력은 커지고, 자기가 주도하는 생활방식이 가능해집니다.

'착한 사람'으로 행동하지 않아도 여러분의 가치는 변함이 없기 때문입니다.

성공하는 사람의 뇌와
성공하지 못하는 사람의 뇌의 큰 차이

"게임이론"에서 '착한 사람'의 '이익 기대치'를 생각해 봅시다

'저 사람은 성실하고, 착한 사람이다'

'저 부하는 솔직하고, 부탁하는 것은 무엇이든 들어준다'

이러한 평판은 듣기에 따라 좋은 이미지로 보입니다. 이런 사람이 교제하기에 이상적이라고 생각하는 사람도 많을 것입니다.

성실하고, 솔직하고, 그래서 '착한 사람'… 언뜻 보면 무엇 하나 나쁜 것을 찾을 수 없습니다.

그렇지만 이런 '착한 사람'을 뇌과학적 측면에서 분석해 보면, 인생을 손해 보는 사람, 출세가 불가능한 사람들인 경우가 많습니다.

인생도, 일도, '게임이론'에 대입시켜 보면 새로운 발견을 하게 됩니다.

게임이론은 여러 사람이 관련된 의사 결정 문제에 있어 상호관계를 이론적으로 생각하는 것으로, 좀 더 쉽게 설명하면 **'여러 명의 이해관계자가 있는 상황에서, 어떤 행동을 취하는 것이 최적인가'**를 분석하는 것입니다. 즉 자기 이외의 상대가 있을 때, 자신이 어떤 행동(전략)을 선택해야 자신에게 이익이 높게 돌아올지를 판단하는 이론입니다.

그럼 여기서 게임이론의 대표적인 모델인 **'죄수의 딜레마'**를 소개합니다.

범죄 용의자로 남자 두 명이 체포되었습니다. 두 사람은 서로 다른 곳에서 심문을 받게 되었습니다. 그러나 시간이 지나도 계속 묵비권을 행사하여, 심문의 한계를 느낀 형사가 다음과 같은 제안을 합니다.

"이대로 침묵하는 것도 좋지만, 자백하는 것이 너를 위해 좋다. 입을 다문 채 형이 결정되면 징역 3년이 되지만, 자백하고 다른 한 명의 범행도 증언해 주면 감형하여 1년에 끝낼 수 있다.

그러나 만약 상대가 자백하고 당신이 침묵하면, 당신의 형은 더 무거워져 징역 15년이 된다. 그리고 두 사람이 다 같이 자백한 경우에는 쌍방 모두 징역 10년이 된다."

한번 정리해 볼까요?

- 상대가 자백하지 않고, 자신이 자백한 경우에는 징역 1년
- 상대와 자신이 자백하지 않은 경우에는 징역 3년
- 자신과 상대 모두 자백한 경우 징역 10년
- 상대가 자백하고, 자신이 자백하지 않은 경우 징역 15년

상대를 배신하면 가벼운 형으로 끝나고, 상대도 배신하면 공멸하고, 만약 상대에게 배신을 당하면 최고형으로 집행을 받습니다.

이런 상황을 '착한 사람'의 행동방식에 적용해 보면, **상호 이익을 고려하여 자백하지 않는 '착한 사람'의 경우 자신의 이익만을 중시하여 자백하는 '나쁜 사람'에게 이용당할 수 있습니다.**

이것은 그러한 심리를 부추긴 교묘한 거래입니다.

이렇게 서로 간 의사소통을 할 수 없는 상황에서, 상대에게 협력하거나 배반을 강요받는 상호 의존관계를 이해하기 쉬운 모델이 '죄수의 딜레마'입니다.

그럼 사람들은 '죄수의 딜레마'와 같은 상황에 빠졌을 때 어떤 행동을 취하는 경향이 있을까요.

상대에게 협력할 것인가 아니면 배신할 것인가….라는 딜레마에 직면할 수밖에 없습니다.

이 게임이론을 근거로 보았을 때, '착한 사람'으로서 행동하는 전략은 미래에 얼마만큼의 이익을 보게 될까요.

냉정하게 따져보면, 저는 어떤 식으로 생각해도 '이익 기대치'가 낮다는 결론에 이르게 됩니다.

분명히 다른 사람에게서 '착한 사람'이라는 평판을 얻게 되어, 표면상으로는 감사를 받고 고맙다는 소리를 듣겠지만, 사람들의 부탁을 거절 못 해서 늘 편리하게 이용당할 뿐만 아니라 모든 행동이 손해 보는 방향으로 향하게 됩니다.

부탁받은 것을 NO라고 말하지 못한다 → 혼자서 일을 맡아버린다 → 해야 할 일이 많아 펑크가 난다 → 평가가 좋아지지 않는다 → 노동의 보상도 오르지 않는다 → 여유 있는 행복한 생활이 어렵다

이처럼 삶이 악순환에 빠진다면, '착한 사람'이라는 호칭이 과연 어떤 의미가 있을까요?

'착한 사람'으로는 비즈니스에 성공할 수 없다!?

우리 뇌는 억제가 걸리기 쉬운 존재입니다.

즉, 뇌에서는 마찰과 충돌을 눈앞의 위기로 파악하면,

말하고 행동하는 것을 자제하게 하여 작동을 중단시키는 성질이 있습니다. 이러한 사실에 근거하면, 사업에 성공하는 사람과 그렇지 않은 사람 사이에는 뇌 움직임에 큰 차이가 있음을 알 수 있습니다.

성공하는 사람은 타인에게 어떻게 보일까, 무엇을 말할까에 신경 쓰지 않고, 자신의 신념과 주장을 관철시킵니다.

즉 그들은, 뇌의 억제로부터 행동이 자유로운 사람들입니다.

세상에서 성공한 대부분의 사람들은 뇌의 억제에서 벗어나는 데 뛰어난 사람들입니다. 따라서 열렬한 지지자도 있고 동시에 강렬한 비판자도 있습니다. 그들은 그런 주위의 반응에 겁먹지 않고 늘 새로운 것에 도전하여 혁신을 일으킵니다.

애플 창업자인 스티브 잡스가 그 좋은 예입니다. 현대의 카리스마 경영자로서 최선두에 이름을 올리고, 테슬라와 스페이스 X사의 CEO 등을 지내며, 자동차 산업과 우주산업에 큰 혁신을 일으킨 엘론 머스크도 그중의 한 명입니다.

　전기 자동차만을 판매하는 새로운 회사를 만든다!

　도시에 터널을 파서 체증을 해결한다!

　민간의 힘으로 화성에 인류를 이주시킨다!

　이렇게 엘론 머스크가 말하는 꿈은 일반적으로 생각하면 모두 비현실적인 것뿐입니다.

　보통의 '착한 사람'이 그런 꿈을 말한다면 누구도 상대해 주지 않을 뿐 아니라 사람도 자금도 모이지 않을 것입니다. 또 반대하는 사람들의 의견을 무릅쓰고 자신을 밀어붙이는 강한 의지가 없다면, 큰 사업을 성사시킬 수 없기도 합니다.

　'착한 사람'이라는 말은 '상식인'이라고 바꿔 말할 수 있습니다. 그러나 큰 결심을 통해 성공하려면 '상식인'의 마음가짐으로는 불가능합니다.

　이런 성공하는 사람들의 자질은 결코 스티브 잡스와 엘론 머스크의 전매특허가 아니고, 빌 게이츠와 손정의 씨 등 성공한 기업가 모두가 가지고 있는 자질입니다.

그렇지만 저는 여러분에게 이런 혁신적인 기업가가 되어주길 바라는 것이 아닙니다. 이러한 기업가의 사고 회로를 배워서 필요 이상으로 타인을 신경 쓰지 않고, 자신의 일에 집중하라는 조언을 받아들였으면 합니다.

생각해 보세요. 성공하는 사람들의 이유가 "저 사람은 착한 사람이네요", "저 사람은 상식이 있는 사람이니까"라고 인식되고 있기 때문일까요.

아니요, 그렇지 않습니다.

그들은 주위에 휘둘리지 않고, "그런 것은 무모하다"라는 비판에도 겁내지 않고, 때로는 의견이 다른 사람과 대립하고 대적하는 것도 망설이지 않고, 주위가 놀랄 정도의 대담한 결단과 비상식적인 행동을 취하는 것이 가능한 사람들입니다.

'착한 사람'은 뇌 억제 기능이 지나치게 강해 타인에게 어떻게 생각되는지 필요 이상으로 신경 씁니다. **자신의 가치기준보다 타인의 기준을 더 중요시하고 있기 때문입니다.**

당장 대단한 결과를 바라지 말고 작은 일보(一步)로서, 먼저 **'자신의 의견을 표명하는 습관'**을 길러보십시오.

 사업에 성공한 사람들은 모두 분명한 의견을 가지고 그것을 포기하지 않고 사람들을 계속 설득한 결과로써 성공한 것입니다.

 '착한 사람'은 자신의 의견이 거의 없거나 의견 자체를 모르는 경우가 많습니다. 평소 자신의 의견을 표명하는 습관을 가지고 있지 않기 때문입니다.

 큰 계획을 세워서 실행? 아닙니다. 정말 작은 것부터 시작해 보십시오.

 직장 동료와 점심 먹으러 갈 때, '주위 사람들과 같은 메뉴'가 아니더라도 먼저 내가 '먹고 싶은 것'을 결정해 보세요. 회의에서도 특징 있고 훌륭한 의견이 아니라 생각하지 말고, 자신의 의견을 드러내 보세요.

 그런 **일상의 작은 표명이 축적되면 뇌는 의사표명이라**는 내성을 가지게 되고, 여러분은 '착한 사람'에서 '자신의

의견을 가지고 있는 사람'으로 변하기 시작합니다. 즉 말하고, 행동하고 싶은 것이 있으면 주저 없이 할 수 있게 됩니다.

평상시 다양한 일들에 대하여 '나는 무엇을 좋아하는가' '나라면 어떻게 생각하겠는가'를 의식하고 생각해 보세요.

자신을 점점 드러내지 않게 되는
'고정관념'이라는 뇌의 올가미

'모두'가 아니라 '당신'은 어떻게 생각하는가?

여러분은 '호시노 군의 2루타'라는 이야기를 알고 있나요?

이전부터 도덕수업의 교재로 거론되었던 이야기입니다만, 2018년 도덕이 교과로 선정되면서 새삼 화제가 되고 있는 것 같습니다.

'호시노 군의 2루타'는 70년 전 잡지에 발표된 작품으로, 개인이 집단 속에서 주위와 어떻게 가치관을 맞추어갈 것인지를 독자에게 묻고 있습니다.

이야기의 내용은 다음과 같습니다.

야구시합에서 타자 박스에 들어선 호시노 군에게 감독은 번트 사인을 보냈습니다.

그런데 그날 호시노 군은 컨디션이 좋아서 왠지 칠 수 있을 것 같다는 예감이 들었습니다.

감독의 사인이 번트였음에도 반사적으로 휘두른 배트에 타구가 쭉쭉 뻗어 2루타가 되었습니다.

이 일타가 결국 팀을 승리로 이끌어 호시노 군은 무척 기뻐하였습니다.

그런데 다음 날, 감독은 선수들을 소집하여 무거운 어조로 말하기 시작하였습니다.

"아무리 결과가 좋더라도, 약속을 어긴 것은 변함이 없다. 희생정신을 모르는 인간은 사회에 도움이 되지 않는다."

감독은 호시노 군의 대회 출전을 금지시켰습니다.

팀 작전으로 결정된 것은 확실히 지켜야 하며, 감독과 선수 간 약속의 중요성을 팀 전체에게 한번 더 주지시켰던 것입니다.

경기의 큰 목적은 이기는 것입니다. 승리라는 목적

을 위한 방법은 다양합니다. '팀의 결정사항'이라는 절대적인 가치관이 우선되어야 하는 것인가, 아니면 '개인의 의사'가 존중되어야 하는 것인가.

그 물음에 '정답'은 없습니다.

만약 당신이 호시노 군의 입장이라면 어떻게 하시겠습니까.

먼저 팀의 지휘가 원활하게 이루어지도록 규율을 존중하고 행동하는 방법을 취할 수 있습니다. 물론 이 선택이 자신의 생각에 근거한 것이라면 문제는 없습니다. 그러나 감독과 팀의 의사에 반(反)하는 것을 두려워한 결과로 선택한 것이라면, 그것은 이 책에서 말하고 있는 '착한 사람'의 행동일 것입니다. 한편 개인의 책임을 자각하고, 비난을 각오하고, 기회를 피하지 않고 승리를 향해 도전하는 방법을 선택하는 것도 가능합니다.

현대사회에서는 개개인의 가치관이 다양하고 집단의 가치관도 날로 빈번하게 변화하고 있습니다. '모두를 위하여' '조직이 원활하게 움직이기 위하여'라고 생각하고 행동하더라도, 속해 있는 집단의 가치관이 흔들

릴 때 개인의 사고방식을 분명하게 하지 않으면, 조직
에 휩쓸리게 됩니다.

**'나라면 어떻게 생각할 것인가', 늘 자문자답하는 습관
이 필요합니다.**

이 이야기는 수업을 담당하는 선생님의 재량에 따라
다양한 견해가 나올 수 있고 뜨거운 논쟁이 일어나기
에 좋은 소재입니다. 이 이야기에 찬반양론의 소지가
있다고 생각하는 첫 번째 이유는, 일본의 '야구'와 미국
의 '베이스볼'의 차이를 느꼈기 때문입니다.

예를 들어 일본 야구는 타석에 들어섰을 때, 매 구마
다 세세한 사인이 나오는 모습을 엿볼 수 있습니다. 한
편, 세계 제일의 야구 국가인 미국에서는 조금 다릅니다.
물론 중요한 국면에서는 사인이 사용되지만, 그 전제
에는 **선수의 자주성과 창의성이 우선되어야 한다는 가치
관이 있다고 생각합니다.**

만약 일본의 야구가 감독의 지시만을 중시하는 스포

츠라면, 아마 쇠퇴의 길을 걷게 될 것입니다.

방대한 시합 자료를 바탕으로 이루어지는 최신 전술은 컴퓨터가 존재하지 않았던 과거 야구와는 달리 시합 중 눈이 어지러울 정도로 변화합니다. 감독이 모든 것을 지시하면, 선수는 경기 중에 판단하는 뇌(전두엽)를 사용할 필요가 없어지게 되므로, 선수의 판단 능력은 시간이 경과해도 성장하지 않습니다.

지시가 없더라도, 평소 '나라면 이렇게 한다'고 "자발적"으로 뇌를 활용하지 않는 한, 시대의 변화 속도에 따라갈 수 없습니다. 그렇게 되면 생각만큼의 결과를 얻을 수 없고, 그런 선수들로 이루어진 팀은 우승하기 어려워집니다.

이것은 스포츠뿐만 아니라 사업에서도 동일합니다. 경영과 운영이 잘되고 있는 조직은 집단의 가치관으로 움직이기보다 사원 개개인의 자율성과 판단력을 중시합니다.

만약 일본 사회 전체가 종래의 가치관에서 탈피하지 않고 '원래 사회라는 것은 그런 것이다'라는 집단의 가치관에 맞는 '착한 사람'만을 찾고 있다면, 점점 쇠퇴해

갈 것입니다.

고정관념에 휘둘리는 '착한 사람'

우리는 평소 여러 가지 고민을 안고 살아갑니다.

그것은 일, 가정, 경제적인 부분이나, 인간관계 등 다양합니다만, 그들 모두에게 공통적으로 영향을 주는 요소가 있습니다.

바로 **고정관념**입니다.

고정관념은 개인이 가지고 있는 믿음으로서 다른 사람에게서 오류와 모순을 지적받더라도 좀처럼 생각을 바꾸지 않는 것을 의미합니다.

가령 앞에서 언급한 '호시노 군의 2루타'에 있어서도, '감독의 지시에 무조건 따라야 한다'는 고정관념이 느껴지지 않나요.

우리는 인생에서 다양한 지식과 기술을 익히고 여러

가지 경험을 축적해 감으로써 개개인의 인격을 형성해 갑니다. 그러는 사이 개인의 판단기준이 완성되고, 그렇게 그 사람만의 고정관념을 가지게 됩니다.

뇌과학적으로 보더라도 사람은 현상을 바꾸는 것을 싫어하는 생명체이기에, 고정관념은 필연적으로 몸에 익히기 쉬운 사고방식이라 할 수 있습니다. **많은 사람들이 '자신이 맞다'는 믿음으로 자신을 정당화하고, 보호하려 합니다.**

이러한 고정관념이 다양한 오해와 마찰을 만들어내고 결국에는 자신의 성장도 방해하는 원인이 됩니다.

가령 인간관계에서, 여러분이 '저 사람은 정말로 착한 사람이다'라며 저 사람하고만 교제한다면 어떻게 될까요. 분명히 함께하며 기분은 좋을 수 있지만, 자신의 인간관계의 폭은 좁아지고 성장할 기회를 놓치게 됩니다.

또 정반대로 '저 사람과는 마음이 맞지 않다'는 고정관념으로 모처럼의 기회를 놓치는 것도 자주 있는 일입니다.

인간관계 이외에도 고정관념을 버리면 좋은 점이 많습니다. 최근 제가 방문한 레스토랑에서 고정관념을 버린 좋은 예를 찾을 수 있었습니다.

　독창적인 요리로 최근 몇 년간 세계의 레스토랑 잡지와 요리 평론가로부터 '세계 최고의 레스토랑'으로 불렸던 '노마(noma)'라는 곳이 있습니다. 덴마크의 수도 코펜하겐에 있는 이 레스토랑은 일본에서도 유명하여, 2015년 도쿄 니혼바시에 있는 '호텔 만다린 오리엔탈 도쿄'에 일시적으로 오픈했을 때 대기 손님이 수만 명에 이르렀다고 합니다.

　확실히 이 식당은 인기, 실력 모두 세계 최고의 레스토랑입니다.

　그런 노마에서 3년에 걸쳐 요리와 서비스 연구개발을 이끌었던 독일인 요리사 토마스 헤레베루 씨가 도쿄에 '이누아(INUA)'를 오픈하였습니다. 어떤 종류의 요리를 하는가 살펴보니, 호화롭다는 말이 어울리는 레스토랑이었습니다. 물론 요리도 독창적이고 아주 훌륭

했지만, 더 놀란 것은 그 정도의 고급 레스토랑임에도 불구하고 드레스 코드를 설정하지 않은 것입니다.

대부분의 고급 레스토랑은 드레스 코드가 있어서 '이런 복장으로 방문해 주실 것을 희망합니다' '이런 신발을 신은 내방객은 내점할 수 없습니다'라고 정해져 있지만, 이곳은 손님에게 특정 복장을 지정하지 않았습니다.

제가 궁금하여 "왜 이 레스토랑에는 드레스 코드가 없습니까?" 하고 물어보니, 멋진 대답이 돌아왔습니다.

"만약 드레스 코드를 정하여 손님이 우리 식당에 예약한 2~3일 전부터 그날 무엇을 입고 갈 것인가를 걱정하면, 그 자체가 마음에 부담이 되어 진심으로 요리를 즐길 수 없습니다. 그러기보다는 보다 편안한 복장으로 오셔서 우리들이 제공하는 요리를 마음껏 즐겼으면 합니다."

'고급 레스토랑에는 공식적인 드레스 코드가 설정되

어 있다'는 고정관념에 반(反)하는 좋은 예가 아닐까요.

미국에서도 비즈니스맨은 정장을 입는다는 고정관념이 있었습니다. 그러나 현재는 잡스를 비롯해 페이스북사의 CEO 마크 주커버그도 T셔츠에 간편한 점퍼차림으로 공식적인 자리에 나타나는 시대입니다.

세상은 매일 빠른 속도로 변화하고 있습니다. 고정관념을 버리고 변화에 대응하지 않으면 점점 시대에 뒤처지게 됩니다.

고정관념에 얽매이는 것은 인생의 후퇴를 의미합니다.

'타인중심'에서 벗어나, '자기중심'으로 살아가자!

주위의 기대에 부응하고 싶다!

사람들을 기쁘게 해야 한다!

기대를 배신하고 실망시키고 싶지 않다!

이것 또한 고정관념에 휘둘리는 모습으로써 우리가 버

려야 할 모습입니다.

실제 일본사회에서는 이러한 사고가 만연합니다. 상대의 기대에 부응하기 위해 열심히 노력한 나머지 정작 자신은 너무 지쳐버린 사람들이 많습니다.

기대에 부응하지 못하면 가치가 없다, 혹은 사람들을 즐겁게 해야 존재가치가 있다는 무의식에 사로잡혀 타인의 기분을 주축으로 살아가는 '착한 사람'이 과연 어떤 의미가 있을까요.

우리들의 뇌는 주위에서 기대를 받아서 자신을 확인하려는 특징이 있습니다. 자신에 대한 기대감이 사라지면 존재 의미를 잃어버린다고 생각하기 때문입니다.

이와 같은 생각을 하고 살아가면, 무엇을 하더라도 타인의 눈을 의식하게 되어 자연스러운 행동을 하지 못합니다.

생각한 것을 입 밖에 내는 것이 두렵게 되고, 이런 현상이 계속되면 점점 자신감이 없어져 상대가 인정해 주는 것에만 신경을 쓰게 되어 결국 사람을 신뢰할 수 없게 됩니다.

사실 저도 이전에는 '사람들의 기대에 부응해야지!' '사람들을 즐겁게 해줘야지!' 하는 생각이 마음 깊이 자리 잡은 '착한 사람'이었던 적이 있었습니다.

그즈음엔 제가 미디어에 자주 나오기 시작하며, 집필한 책이 베스트셀러가 되어 타인이 인정해 주는 자신에 대해 뿌듯함을 느끼고, 늘 타인의 눈을 의식하며 살던 때였습니다.

그러는 사이 내 생각과는 다르게 매스컴 분야에서 기대를 받는 것이 점점 큰 무게가 되어, 결국 '주위의 기대에 제대로 부응하지 못하는 것이 죄송하다'고 자책하게 되었습니다.

지금 돌이켜 보면, 주위의 기대에 부응하려는 자신은 주위의 상황에 맞게 조절되는 자신이 아니었나 싶습니다. 그러나 자신의 가치는 조절되어 증명되는 것이 아닙니다.

진정한 의미의 '존재가치'는, 자신을 떠나 찾을 수 없습니다. 어느 누구에게서가 아니라, 자신에게서 찾아야만 합니다.

그렇지만 존재가치를 찾는 것은 힘들고 어렵습니다. 너무 깊게 생각하면 무력감과 미약함을 느껴 침울해지게 됩니다.

그러므로 '이 정도의 실적으로 조직에 공헌하고 있으므로 가치가 있다' '이렇게 어려운 것을 진행하고 있으므로 대단하다'고 속해있는 '집단의 가치'에 자신을 끼워 넣고, 안심해 버리는⋯. 이것이 '주위의 기대에 부응하고 싶다'고 생각하는 두려움의 실체입니다.

그럴 때 '착한 사람'에서 벗어나기 위한 지침이 되는 말이 있습니다.

'타인중심에서 벗어나서, 자기중심으로 살아가자!'

애초에 '기대에 부응한다'는 것은 타인의 의향에 자신을 맞춘 행동입니다.

우리들이 사람들의 기대에 부응하고 싶다고 생각할 때, 그것은 '타인의 의향대로 행동하고 싶다는 뜻'과 마찬가지가 됩니다. 이는 타인 중심축으로 살아가는 행위로,

그렇게 살아가면 반드시 거기에 따른 과한 부담감과 스트레스가 발생합니다.

다른 사람의 기대에 부응하려고 하지 않고 자신의 의지를 가지고 '자신의 중심축'으로 살아가면, 스트레스가 없어지고 즐겁게 살아갈 수 있습니다.

실제로 이렇게 마인드 체인지를 함으로써, 저는 스트레스를 모르고 하루하루를 편하게 살아갈 수 있게 되었습니다.

어떤 식인가 하면,

저는 감사하게도 많은 단체로부터 강연의뢰를 받습니다만, 그곳에서 '청중과 주체자의 기대에 부응하자'고 생각하지 않고, '내가 이야기하고 싶은 것을 이야기하자'는 기분으로 임하고 있습니다. 사전에 협의도 하지 않습니다.(항상 주최자 분들을 초조하게 하여 죄송합니다만….)

그리고 강연 후 모임에서 "즐거운 시간이었습니다" "힘이 났습니다" 등등 따뜻한 말을 들을 때 휴~ 하고 가슴을 쓸어내립니다.

‘상대의 기대에 부응하기보다, 먼저 자신의 기분을 우선시하자.’

저는 이런 생각으로 행동하는 습관을 가짐으로써, 뇌 억제 기능으로부터 벗어나 완전하게 제 자신을 중심으로 생각하는 것이 가능해졌습니다. 그 결과 높은 수행능력을 얻게 되었고, 기대 이상의 결과를 주위와 나누게 되었습니다.

‘자신의 기분을 우선하는 것이 좋다’ ‘내가 생각하는 만큼 주위에서 나에게 기대하고 있지 않다’는 생각을 가지면, 지금 상황을 편안한 마음으로 받아들이게 됩니다.

지금까지 ‘착한 사람’으로 행동하는 뇌의 구조와 그 단점, ‘착한 사람’에서 벗어나 자기답게 살아가는 것의 좋은 점을 이해하셨으리라 생각합니다. 여러분도 ‘착한 사람’에서 벗어나고 싶지 않으십니까?

그래서 다음 장에서는, 실제로 어떻게 하면 ‘착한 사람’에서 벗어날 수 있을지, 보다 구체적인 조언을 전해 드리려 합니다.

CHAPTER1 정리

. . . .

- '착한 사람'으로 행동하여 만들어낸 관계는, 진정한 신뢰관계가 아니라고 생각하자.

- 모든 사람에게 호감을 받지 않아도 좋다. 여러분을 평가해 주는 사람에게 신경 쓰도록 하자.

- 뇌는 '미움받지 않도록', '이상한 사람이라고 보이지 않도록' 당신의 행동에 억제를 가하고 있다.

- 가끔씩은 '게임이론'을 통해 어떤 행동을 취하면 자신에게 득이 되는지 생각해 보자.

- 주위의 기대에 부응하는 '타인중심의 축'에서 벗어나서 '자기중심의 축'으로 살아감으로써 뇌의 억제 기능에서 벗어나자!

단점에 집착한 '감점방식'에
자신을 몰아넣지 않고
장점과 개성에 눈을 돌리는
'가점방식'으로 나를 돌아보자.

더 이상
다른 사람들을
위해서 노력하지
않아도 좋다

1. 개성을 발휘하지 않으면, 결국 '착한 사람'이 되어버린다

2. 기대에 부응하려니 힘들어진다
   기대는 훨~ 하고 초월하는 것이 좋다

3. 자신의 가치관을 소중히 하면 '착한 사람'의 껍질을 깰 수 있다

4. '착한 사람'에서 벗어나는 것은 자기다운 삶을 살아가는 것

5. 억지로 미소 짓기 전에 '착한 사람'이 되는 것에 조심하자

6. 자기중심과 제멋대로의 차이에 대한 '착한 사람'의 착각

개성을 발휘하지 않으면, 결국 '착한 사람'이 되어버린다

일단, 자신의 '단점'과 마주해 본다

늘 '착한 사람'으로 행동함으로써, 어느 사이 자신감이 없어지고, 더불어 자기주장도 어려워지며, 급기야는 다른 사람의 평가에만 신경을 쓰게 되는….

이렇게 상대방만을 위해 시간을 보내게 되면 여러분의 개성은 점점 사라지게 되어 결국에는 살아가면서 답답함을 느끼게 됩니다.

그러나 이를 반대로 생각하면, **개성을 발휘할 수 있게 되면 '착한 사람'에서 벗어나 본연의 자신으로 살아갈 수**

있다는 뜻이 됩니다.

진정한 자신을 드러내고 살아가면 약한 부분도 다른 사람에게 보일 수 있게 되므로, 타인의 부탁에도 긴장하지 않으면서 당당하게 좋다고 말할 수 있게 됩니다.

'자신을 드러내는 것'

이것이 자신의 개성을 발휘하는 일입니다.

나의 호불호를 명확하게 표명한다.

싫은 것은 싫다고 분명하게 전달한다.

내가 힘든 것은 정말로 힘들다고 고백한다.

이런 행동에 대해 사람들이 '대단하지 않다' '인정미가 없다'라고 생각할지 모르지만, 실제로 실행해 보면 그 반대라는 것을 알 수 있습니다.

갑자기 변한 당신을 보며 처음에는 주위에서 놀랄지도 모릅니다. 그러나 다수의 경우 곧 당신을 이해하고 존중하기 시작할 것입니다. 그리고 여러분 자신을 확인하고 드러냄으로써 여러분의 마음속에서도 자신감과 힘이 솟아나올 것입니다.

자신감이 넘쳐나는 긍정적인 자신을 드러내면 인간 관계에도 적지 않은 변화가 나타납니다. 당신이 '호불호'를 분명하게 표명하면 자연적으로 유사한 견해를 가진 사람들이 주위에 모여들게 됩니다. 이렇게 같은 가치관과 취미를 가진 사람들과 만나게 되면, 인생 사이클이 원하는 방향으로 움직이게 됩니다.

먼저, 자신의 감정에 솔직해질 수 있는가, 하고 자문합시다.

자신이 솔직하게 지금 이 순간 느끼고 있는 것을 온전히 상대에게 전할 수 있을 때, 나도 상대도 무리하지 않으면서 서로 편안한 인간관계의 균형이 이루어집니다.

즉 **여러분이 겉치레를 넘어 진실한 인간관계를 만들길 원한다면, 먼저 자신을 드러내는 것이 철칙입니다.**

물론, 자신을 드러내려면 용기가 필요합니다.

평소 착하고 성실하기만 한 사람이 갑자기 본심을 말하고 개성을 발휘하는 것은 쉽지 않을 것입니다. 먼저 자신과 솔직하게 마주보고, 자신을 받아들이면서 서서히 자신감을 키워나가는 것이 필요합니다.

구체적으로 어떻게 하면 좋을까요.

먼저, 자신의 '단점'과 마주해야 합니다.

즉, 당신의 '뇌 거울'에 꾸밈없이 단점을 비춰보라는 것입니다.

왜냐하면 **단점 바로 옆에 장점이 있는 경우가 많기 때문입니다.**

'생각해 보니 뭐든 걱정만 하고 있다'는 단점은, '위기관리 의식이 뛰어나다'는 장점이 있습니다.

'사람의 단점만 찾고 있다'는 결점은, '사람에 대한 관찰력이 뛰어나다'는 장점도 있습니다.

이처럼 저는 '사람에 따라서 단점인 것' 가까이에 그

사람만의 재능이 잠재해 있다는 것을 뇌과학 연구를 통해 알게 되었습니다.

자신의 결점과 열등감은 표리일체이므로 다른 사람은 몰라도 자기 자신이 직시하는 것은 상당히 괴롭게 느껴질 것입니다. 또한 단점은 거울에 비친 자신의 뒷등처럼 평상시 스스로 확인이 불가능하므로 새삼 나열하면 깜짝 놀랄지도 모릅니다. 그러나 그런 자신의 단점과 마주앉아 봄으로써, 본인의 장점을 포함하여 개성까지 통째로 알 수 있게 됩니다.

그것이 '착한 사람'을 벗어나서 개성을 발휘하는 출발점이 될 것입니다.

이것은 저의 실제 경험입니다.

지금의 저를 보면 상상할 수 없겠지만, 사춘기 때 저는 수줍음을 타는 얌전한 학생이었습니다.

다른 사람들에게 어떻게 보여질까 신경을 쓰면서 자신에 대해서는 잘 알지 못하였습니다. 인간으로서 '폭'과 '깊이'가 부족한 것은 아닌가 어렴풋이 느꼈지만, 20대가 되어서도 사람들에게 마음을 열 수 없었습니다.

또한 미래의 진로를 어떻게 세우면 좋을까 정하지 못하고, 방황하는 30대를 보냈습니다. 고민으로 스트레스도 상당히 쌓여갔습니다.

그러던 어느 날, 그렇게 **단점에만 집착한 '감점방식'에 자신을 몰아넣지 않고, 장점과 개성에 눈을 돌리는 '가점방식'으로 돌아볼 기회가 있었습니다.**

그러자 의외로 나의 단점 바로 옆에 장점이 있음을 깨닫게 되었습니다. 단지 그것만으로 뇌 속 변환이 일어나 저는 미래지향적이고 적극적인 인생을 살아갈 수 있게 되었습니다.

현재도 저는 '침착하지 못하다'는 단점이 있습니다만, '침착하지 못함'이 실은 최대의 장점이라고 생각합니다. 활동적인 성향이야말로 다른 종류의 일을 동시에 하거나, 단시간에 여러 가지 일을 해낼 수 있게 하는 원천이기 때문입니다.

분명히 말해두고 싶은 것은, 자신의 단점과 마주하

기는 어려울 뿐 아니라 처음부터 자신의 개성이 무엇인가를 명확하게 알 수는 없다는 것입니다.

그러므로 시간을 두고 끈질기게 자신과의 대화를 통하여 깊게 파고 들어가 장점과 개성을 발견하는 것이 중요합니다.

'뇌 거울'을 통해 개성을 닦아나가자!

개성에 관해서는 이런 이야기도 있습니다.

"일본인들은 어딘지 모르게 모두 닮아있네요….."

외국인들은 일본인에게서 이런 느낌을 받는 것 같습니다. 이것은 얼굴모양과 체형이 비슷해서라기보다, 다수의 일본인이 동일한 머리모양과 패션을 하고 있기 때문입니다.

나만의 개성이 나쁜 인상을 주어 창피스럽지 않도록

많은 사람과 같은 패션을 하면, 우선 안심이 될 것입니다.

면접에서 많은 사람들과 같은 스타일을 하면, 외형으로 감점되는 일은 없을 것입니다.

이와 같이 주위를 필요 이상으로 과다하게 신경 쓰는 것이 일본인 특유의 사고방식입니다.

이렇게 유행의 패션도, 면접 시 입는 정장에서도, 모두 똑같은 모양을 하는 것에는 자신의 존재 가치를 확인받고 싶어 하는 사고 패턴이 있다고 생각합니다.

모두와 함께라면, 왠지 안심

이러한 사고는 일본인이 어릴 때부터 받아온 교육과 크게 관련이 있습니다.

가령 교실에 '사람들에게 폐가 되지 않는 어린이'라는 벽보가 붙어있었던 것처럼, 일본인들은 어릴 때부터 단체규율을 무엇보다 중요시하고, 모두가 일렬횡대로 줄 서는 것이 안전하다는 교육을 받아왔습니다.

그렇지만 대단히 유감스럽게도, 그것으로 인해 자기

의 개성을 자각하는 습관을 잃어버렸습니다. 혹여 눈에 띄는 존재가 되어 미움을 받고 싶지 않기에, 자신을 억눌러 다른 사람과 발끝을 맞추며 진정한 나를 드러내지 못합니다. 이름만 있을 뿐 상대에게 어떤 인상도 남기지 않고, 적당히 도움만 주는 무난한 '착한 사람'이 되어 관계를 맺습니다.

많은 일이 인공지능(AI)으로 옮겨가는 것이 분명해진 요즘, 먼저 일을 빼앗기는 사람들은 이렇게 '대체 가능한 영역에 있는 사람들'입니다.

그렇게 생각하면 이제부터 **두려워해야 하는 것은, 주위의 관심을 받는 것보다도 무관심의 대상이 되는 것이 아닐까요?**

개성을 나타내고, 자신다움과 독창성을 발휘하고, 자신만의 부가가치를 만들고, 경제적으로도 인정받는… 그런 사람들이 지금의 일본에서는 훨씬 더 늘어나야 한다고 생각합니다.

기대에 부응하려니 힘들어진다
기대는 훨~ 하고 초월하는 것이 좋다

기대에 부응하지 않는다, 기대는 초월하는 것!

앞에서도 언급하였습니다만, '착한 사람'들은 주변의 기대를 받는 것을 통해서 존재 의미를 느끼고 있습니다. 자신에 대해 기대하는 사람이 없어지면, 존재 의미를 잃어버린다고 생각합니다. 그렇지만 그렇게 기대에만 부응해서 산다면 자신을 잃어버림으로써 모든 것을 잃게 됩니다.

'기대에 부응하고 싶다'는 기분을 뇌과학적으로 분석하면, **주변에 자신의 긍정적인 인상을 심어주어 자신의**

안전을 확보하고 싶어 하는 인간의 본능이라고 정의할 수 있습니다.

그렇지만,

'부탁을 받았지만, 해결하지 못한 자신이 한심하다.'

'부탁받은 것은 무엇이라도 해줘야지' 등

다른 사람의 기대에 부응하지 못하는 자신을 책망하고 스트레스를 느끼는 것은 안타깝고 유감스러운 일입니다.

이렇게 **기대에 휘둘리는 것은 자신의 인생을 다른 사람에게 맡겨놓은 것과 같다는 것**을 이해하는지요. 그런 과정을 계속하고 있는 한 '착한 사람'에서 벗어나는 것은 불가능합니다.

저는 평소 일선에서 활약하고 있는 체육인 및 크리에이터(애니메이션 작가)들과 교제할 기회가 많습니다. 그들의 주위엔 늘 높은 결과를 기대하는 사람들이 많아 그들이 상당한 압박감을 받고 있으리라 생각하겠지만,

사실 기대 때문에 괴로움을 받고 있는 사람은 거의 없습니다.

왜 사람들의 기대에 괴로움을 받지 않는 것일까요?

그것은 그들이 **기대는 '부응하는 것'이 아니고 '초월하는 것'**이라고 생각하기 때문입니다.

기대에 '부응'해야 한다는 '다른 사람을 위주에 둔' 발상이 아니라, 기대를 '초월'하겠다는 '자기 위주'의 발상으로 시프트 체인지(Shift Change)한 것입니다.

그렇게 생각하면 눈앞의 압박감이 순식간에 부정적인 것에서 긍정적인 것으로 바뀌게 됩니다.

이것은 체육인과 크리에이터뿐만 아니라, 사회 일반에서 비즈니스를 하는 사람들의 경우에도 마찬가지입니다. 번잡한 일이라도 '기대를 뛰어넘겠다'고 결심한 순간, 마지못해 했던 일이 한순간 도전해야 할 일로 변화합니다. 가령, 여러분이 상대로부터의 기대감에 압박감을 느끼고 있다면, 상대의 기대 수준을 초월하겠다는 결심으로 매사에 임해보는 것은 어떨까요.

천하인을 떠받친 전국시대 무장의
'기대수준을 초월한 마음가짐'

상대의 기대수준을 초월한 역사상의 일화로서 이시다 미쯔나리의 '삼헌차(三獻茶) 일화'가 유명합니다.

때는 전국시대, 나가하마 성주가 된 도요토미 히데요시는 영내에서 매 사냥을 나갔습니다.

그는 돌아오는 길에 목이 말라 어느 절에 들러 차(茶)를 부탁하였습니다. 그러자 접대하는 절의 소승이, 처음에는 큰 찻잔 가득히 미지근한 차를 따라 히데요시에게 헌상하였습니다.

매 사냥에 목이 말랐던 히데요시가 그것을 단숨에 마시고 또 한 잔을 부탁하자, 소승은 조금 작은 찻잔에 약간 뜨거운 차를 내왔습니다.

'오?' 하고 차이를 느낀 히데요시가 시험 삼아 한 잔 더 부탁하자, 이번에는 좀 더 작은 잔에 뜨거운 차를 내왔습니다.

상대의 모습을 보고 그가 원하는 것을 내온 것입니다.

세세한 마음 씀씀이에 감동받은 히데요시는 그 소승을 성으로 데리고 가서 가신으로 삼았습니다.

그 소승이 훗날의 명장, 이시다 미쯔나리입니다.

이시다 미쯔나리는 세키가하라 전투에서 패장이 되어 사람들에 따라서는 악역의 이미지로도 알려져 있지만, 이러한 에피소드를 보면 실제로 상대의 입장에서 생각할 줄 아는 인물이었음을 엿볼 수 있습니다.

만약 미쯔나리가 갑자기 나타난 성주에게 겁을 먹고 그저 엎드려 있거나, 부채를 부치며 아첨만 팔았다면, 그냥 그런 절의 소승으로 눈에 띄지 않았겠지요.

그렇지만 미쯔나리는 히데요시에게 아첨으로 장수가 된 것이 아닙니다. 천재일우의 기회를 자신의 것으로 만들어 상대의 기대를 넘어 '일에 대한 집념'을 보인 기개야말로 히데요시를 감동시켰다고 생각합니다.

상대의 기대에 부응하면 감사는 받을지라도, 그것으로

생성되는 것은 아무것도 없다.

상대의 기대를 초월하면, 감동이 일어난다.

이것이 이 에피소드에서 배울 점이라고 생각합니다.

여러분에게 크든 작든 기대를 갖고 있는 사람은 여러분을 '좋은 사람'이라고 여기고 무엇인가 부탁합니다. 그 기대에 부응하면 형식상의 감사는 받겠지만, 그 감사만큼 진정한 기쁨이 느껴지지는 않습니다. 어쩌면 상대는 '이 정도 하는 것은 당연한 것'이라고 생각할지 모르겠습니다.

그렇지만 그 기대를 초월하면, 상대에게는 놀라움과 함께 감동이 생깁니다. 그래서 처음으로 여러분의 행위가 상대의 마음을 울리게 됩니다.

여러분도 어차피 하는 것이라면, 그 기대를 뛰어넘는 것을 생각해 보는 것이 어떨까요.

틀림없이 상대는 태도를 바꾸고 '이 사람에게 무엇이든 손쉽게 부탁하는 것은 미안하다'라고 여기며 여러분을 존중하기 시작할 것입니다. 그리고 부탁을 하더라도 보다 신중한 태도를 취할 것입니다.

이렇게 **상대의 요구에 나름대로 궁리하고 옵션을 추가하며 최선을 다하는 것이 '기대를 넘어서는 일'을 하는 것입니다.**

'상대의 기대'를 '자신의 과제'로 바꾸어보자

"상대의 기대 수준을 넘는 일은 상당히 어렵습니다…."

그런 소리가 여기저기에서 들려오는 것 같습니다.

확실히 상대의 기대에 플러스 알파로 평가받는 것은 수동적인 '착한 사람'으로서는 아주 힘든 작업입니다.

그럴 때면 어린 시절을 회상해 보세요.

선생님과 부모님에게서 "공부하라"는 말을 들을 때 무척 하고 싶은 것이 있는데도 불구하고 어쩔 수 없이 공부했던 기억이 있을 것입니다.

이러한 체험은 누구에게나 있습니다만, 저의 경우 '해야만 했던 것'을 피하지 않았던 어린이였다고 기억합니다. 즉, 나에게 주어진 과제를 어떻게 하면 재미있게 할 수 있을까 생각하며 즐겁게 공부한 것 같습니다.

가령 한자를 계속 쓰는 숙제가 있으면 무리해서 '해야 한다'고 생각하지 않았습니다. '나는 어떠한 이유로 그 숙제를 스스로 하고 있다', 덧붙여 '의미를 부여하는 것은 다른 사람이 아니라, 늘 자신이다'라고 생각했기에 힘들지 않았습니다.

그렇지만, 선생님과 부모에게 "공부하라"고 엄하게 말을 들으면 공부가 싫어지는 어린이가 있는 것도 사실입니다.

그러한 어린이들은 공부는 늘 강제로 시켜서 하는 것이라는 고정관념을 가지고 있기에 스스로 의미를 부여하는 것이 어렵고, 과제를 수행하는 것에 가치를 부여하지도 못합니다.

그런데, 여기서 바로 전 서술한 '상대의 기대수준을

초월한다'는 것을 살펴보면 이와 맥락이 같습니다.

즉, '상대의 기대'를 '자신의 과제'로 바꾸는 것.

다른 사람으로부터 받은 과제를 자신이 만들어나가야 할 과제로 여기게 되면, 두뇌는 '이것은 나에게 의미 있는 일'이라고 생각합니다.

그리고 그럴 때야말로 사람은 열의를 가지고 행동할 수 있게 됩니다. 이런 사고의 전환을 통해 어떤 일이라도 상대의 기대수준을 초월하겠다는 의욕이 솟고, 부담감에서 벗어날 수 있습니다.

할리우드의 명배우를 감동시킨 최고의 환대

그럼 여기서 상대의 기대를 자신의 과제로 바꾼 좋은 예를 소개합니다.

호텔에 묵으면 '세탁 서비스'라는 옷을 깨끗이 해주는 서비스가 있습니다. 그 서비스를 일본에서 최초로

도입한 곳이 제국호텔입니다.

1911년 시작한 제국호텔의 세탁서비스는, 실제 100년 이상 된 서비스입니다만, 품질이 매우 좋아 일본을 방문하는 해외 유명인사들에게 인기를 얻고 있습니다.

이곳에 얽힌 유명한 에피소드 하나를 소개합니다.

할리우드의 영화배우 키아누 리브스가 일본을 방문하면 꼭 제국호텔에 묵으며 그 세탁 서비스를 이용한다고 합니다. 더욱이, 자신이 출연한 영화 'JM'의 대사 중 애드립으로 "세탁을 부탁하고 싶은데, 도쿄의 제국호텔에서 해줄려나…."라고 할 정도입니다.

그럼 제국호텔의 세탁 서비스는 왜 이렇게 사람들에게 인기 있는 것일까요?

세탁 서비스에서 일하는 직원들이 상대의 기대를 자신의 과제로 바꾸었기 때문입니다.

본관 지하에 있는 세탁실에서는 매일 2,000점 이상의 의류가 세탁되고 있습니다. 직원들은 먼저 철저하게 확인한 오염을, 약품과 스팀의 2단계로 처리하여 깨끗하게 없애줍니다.

그리하여 세탁을 끝낸 퀄리티가 '신품보다도 더 신품 같다'라는 말을 듣게 되었습니다.

세탁 중에 떨어질 것 같은 단추는 세탁 후 새로 달고, 떨어진 것은 상비하고 있는 단추 중에서 비슷한 것을 찾아서 다시 달아준다는 전설적인 서비스입니다. 그렇기에 세탁실은 200종 이상의 단추를 비롯하여 다양한 색상과 재질의 실을 준비하고 있습니다.

직원들이 '오염을 제거'하는 과제를, '손님에게 감동'을 전하는 과제로 바꿔 작업하고 있는 것입니다.

이처럼 '이렇게까지!' 하는 놀라움과 함께, 여러분의 행동이 상대의 기대수준을 초월하여 '감동'이라는 단계로 넘어가도록 해야 합니다.

어쩔 수 없이 해야 하는 일과, 감동을 주는 일. 어느 쪽이 그 사람의 인생에 도움이 될지는 말할 필요가 없습니다. 사람들은 생각하기에 따라 어느 쪽이든 선택할 수 있습니다.

다른 사람들의 기대에 휘둘려 낮은 평가를 받을 것인가,

기대를 초월하여 감동을 전할 것인가.

진정한 평가는, '착한 사람'이 아니더라도 얻을 수 있습니다. 그 평가는 여기에 열거한 것처럼 자율적인 노력을 축적해 나가면 어느새 내 것이 되어있을 것입니다.

자신의 가치관을 소중히 하면
'착한 사람'의 껍질을 깰 수 있다

능동적으로 행동하면 자신과 주위가 변해간다

'착한 사람'에서 벗어나는 것은 상사의 말을 거역하는 것이 아닙니다. 다양한 일을 능동적인 사고로 전환하여 스스로 판단하며 행동하는 것입니다.

자신이 판단하여 행동하는 것은 당연한 것이라 생각할 수 있지만, 뇌과학적인 측면에서는 그것은 아주 중요한 행위입니다. 왜냐하면 사람은 자신에게 우선순위가 높은 옵션을 선택하고, 그것을 통제하면 큰 기쁨을 느끼기 때문입니다.

가령 퇴근하려고 할 때 상사로부터 급한 지시가 있었다고 합시다.

"죄송합니다. 저는 중요한 일이 있어서 먼저 퇴근하겠습니다."

그 중요한 일이 여러분의 인생 전체에서 상사의 지시를 따르는 것보다 우선순위인 경우, 이러한 회답을 하는 것은 당연합니다. 그리고 그것을 분명하게 표명하는 행동은 매우 중요합니다. 반대로 만약 그 중요한 일보다도 상사의 지시를 우선하는 것이 필요하다고 판단되면, 지시를 따르는 것이 맞습니다.

다시 말하면 다른 사람이 아니라 자신이 결정하고 그 결정을 통제하며 지속하는 것은, 뇌에게 있어 중요합니다.

'무엇을 우선할 것인가'에 대한 갈등은 우리의 생활 속에서 늘 일어나고 있습니다.

저도 지난해 "일본의 개그는 구식(시대에 뒤처진)"이라는 발언을 하여, 개그계와 방송계에서 비판을 받으며 찬반논쟁을 불러일으켰습니다. 그 때문에 일부 개그 연예인들과 사이가 소원해졌지만, 저로서는 책임을 지고 그 말을 하는 것을 우선해야 할 과제로 생각한 소신 있는 발언이었습니다. 비판과 함께 인터넷상에 댓글이 쇄도하였지만 저의 발언은 다른 사람의 눈치를 보지 않고 선택한 것입니다.

'뭘 잘난 체하는 말을 하는가!'라고 생각하는 사람도 있고, '지금 일본의 개그계와 방송계는 이런 것이 부족하니 좀 더 변화하지 않으면 안 된다!'고 생각하는 사람도 있습니다. 그렇지만 무엇이 맞고 틀린지는 누구도 알 수 없습니다.

이러한 저의 언동을 보고 '착한 사람' 중에는 '설령 그렇게 생각하더라도 그런 발언을 하면 안 된다' '침묵하는 편이 풍파를 일으키지 않는 것'이라는 생각을 가지는 사람도 있습니다.

그렇더라도 이것은 제가 **주장하길 원했던 것이고, 저 자신의 책임으로 선택한 것입니다.**

세상에는 온갖 생각과 의견이 존재합니다.

이해하기 쉬운 예로 급속하게 발전하고 있는 인공지능 문제를 들어봅시다.

옥스포드 대학에서 인공지능 연구를 하는 마이클 A 오스본 교수의 논문에 의하면, 앞으로 인공지능이 더 발전하면서 다양한 직업이 IT나 로봇으로 대체된다고 언급하고 있어 이에 위기감을 가지는 사람이 많습니다. 그러나 한편, 인공지능에 관한 연구가 발전하여 우리들의 삶과 사회를 보다 편리하고 풍요롭게 해주는 측면도 있습니다.

저는 인공지능이 사람보다 뛰어난 부분은 인공지능에게 맡기고, 우리들은 인공지능보다 뛰어난 분야를 일과 삶의 방식에 활용하는 것을 목표로 하는 것이 좋다고 생각합니다.

여기에서 대단히 중요한 것은, 온갖 문제에 직면했을

때 세상의 잣대와 다른 사람들의 의견에 동조하는 것이 아니라 용기를 가지고 '나는 이렇게 생각하고 있다'고 자기주장을 하는 것입니다.

이것이야말로 '착한 사람'에서 벗어나는 길입니다.

좋든 나쁘든 다른 사람에게 맡기지 말고 자신의 주관을 분명하게 가지면, 어떤 논제를 시작하거나 조직의 체제를 움직이는 것도 가능합니다. 덧붙여 여러분의 의견과 생각에 찬성해 주는 강력한 지지자도 나타나게 됩니다.

이러한 작은 용기가 '착한 사람'에서 벗어나 자신을 넘어서고 사회를 바꾸는 원동력으로 이어지게 됩니다.

'착한 사람'에서 벗어나면 존재감이 올라간다!

갑자기 자기 판단과 주장을 하기는 좀처럼 쉽지 않습니다.

이럴 때는 **여러분 주위에 있는 '착한 사람'과 대척점에**

있는 사람들을 참고해 보십시오.

제 주위에 소위 '착한 사람' 이미지의 대척점에 누가 있을까 생각해 보니, 두 사람이 떠올랐습니다.

기업가 호리에 타카후미 씨와 탤런트 사카가미 시노부 씨입니다.

호리에 씨는 사이좋은 친구로서 자주 만나며, 사카가미 씨도 '바이킹'이라는 TV프로그램에서 1년간 함께 하여 잘 아는 사이입니다. 두 사람 모두 자신의 의견을 솔직하게 표명하기에 '착한 사람'의 대척점에 있습니다. 그것뿐만 아니라, 두 사람은 말과 행동에 '존재감'이 있습니다.

존재감이 있다, 즉 개성을 발휘하고 있는 사람의 말과 행동에는 늘 그 사람만의 철학이 담겨있습니다.

가령 호리에 씨는 '어떤 장소에서도 정장을 입지 않는다'는 것을 원칙으로 일관합니다. 세간에서 그 원칙에 시비를 논할 정도로 그의 존재감은 큽니다.

또 사카가미 씨는, 마치 "임금님은 벌거숭이"라고 외

친 안데르센 동화의 아이처럼 '그런 것은 말하지 않는 게 약속'이라는 주위의 암묵적인 이해를 깨는 금기 발언을 자주 합니다.

자신의 존재감을 드러내기 위하여, 반드시 세상에 대해 도발적인 말을 하고 독설로 사람들의 의견에 대립할 필요는 없습니다. 그와는 별개로 생각과 말과 행동이 치우침 없이 자신의 의사에 근거해 있다는 것이 중요합니다.

행복한 인생을 보내기 위해, 여러분도 자신의 존재감을 의식하고, 조금이라도 자신을 드러내어 보시길 바랍니다.

이러한 존재감에 관해 말할 때, '내 색깔을 드러내자'라고 표현하기도 합니다.

자신의 인상을 상대에게 전하려면, 먼저 자신의 특색을 알고 그것을 강조하여 말하고 행동하는 것이 중요합니다. **자신의 색을 드러내면 드러낼수록** 단지 그것만으로도 **호감을 가지는 사람과 싫어하는 사람이 분명하게 나눠집니다.**

그렇지만, 염려할 필요는 없습니다. 특별히 호감을 가지지 않는 사람이 있더라도 문제없습니다. 모든 사람들의 마음에 드는 것은 무리이고, 어차피 자신의 노력으로 타인의 기분을 바꾸는 것도 불가능합니다.

세상에는 다양한 색이 있고, 어느 색상도 필요합니다. 가령 녹색과 빨간색을 싫어하는 사람이 있다 하더라도, 녹색과 빨간색이 필요한 사람들도 있습니다.

'착한 사람'으로 존재하는 것은, 희미한 잿빛색입니다. 포기하지 말고 자신의 색을 찾아보십시오.

그 색이야말로 세상에서 필요하다고 생각하는 여러분의 색이기 때문입니다.

'착한 사람'에서 벗어나는 것은
자기다운 삶을 살아가는 것

'자기다움'이라는 흐름을 타자!

자기의 개성을 다른 사람과 구별하는 지표로서 '자기다움'이 있습니다.

최근 '다른 사람과 다른 것은 좋은 것'이라는 가치관이 점점 중요시되며, 모든 사람들이 '나만의' 무언가를 모색하고 있습니다.

소위 '착한 사람'은 자신을 중요시하지 않고 본래의 자기다움까지 억누르면서 '착한 사람'을 연기하려 노력합니다. 그리고 '착한 사람'에서 벗어나는 것을 유난히 두려워합니다. 하지만 원래 '착한 사람'에서 벗어나는 것은 자연스럽고 편안한 행위로서 매우 즐거운 것입니다.

이는 제가 평소 제창하고 있는 '흐름'이라는 것과 맥락이 비슷합니다.

흐름은 미국의 심리학자 칙센트 미하이에 의한 이론으로, 뇌가 아주 편안한 상태임에도 불구하고 최고의 능력을 발휘하는 것을 의미합니다.

이해하기 쉬운 예를 들자면, 인류사상 최고의 스프린터로 평가받는 전 육상선수 우사인 볼트가 있습니다.

그는 2002년부터 2017년까지 현역으로 있는 동안 수많은 기록을 수립하였습니다.

특히, 금메달을 획득할 때의 달리기를 보고 있으면 세계적인 큰 무대임에도 불구하고 무척 편안하고 여유 있게 달리는 것처럼 보입니다.

즉, 우리들이 최대한의 수행능력을 발휘하기 위해서 그저 맹목적으로 고집스럽게 노력한다든지 긴장 속에서 무언가를 하는 것은 효과가 없다는 것입니다.

사람과의 교제가 서툰 사람일수록 타인의 눈을 필요 이상으로 신경 씁니다. 그리고 다른 사람이 무엇을 생각하고, 무엇을 기대하고 있는가에 대해 늘 예민한 상태로 지내는 사람이 많습니다.

한편, 여러분의 주위에도 두려움을 가지지 않는 개성적인 사람이 있을 것입니다. 그런 사람을 차분히 관찰해 보면 그 상태로서 늘 편안한 것을 발견할 수 있습니다. 그것이야말로 '자기다움의 흐름'에 있다고 할 수 있습니다. 주위에서 '그 녀석은 천성이다'라고 말합니다만, 바로 그 자연스러움이 중요합니다.

주위의 예상을 뒤엎는 의외의 반응을 보여, 모두에게서 '웃음'을 불러일으키고, 어딘가 느슨하고 덜렁일 것 같이 보이는 정도가 알맞게 좋은 것입니다.

왜냐하면 그런 사람은, 평소 자신의 세계를 가지고 있고 '있는 그대로의 자기'에 능숙한 사람들이기 때문입니다. 그래서 주위에 휘둘리지 않고 자기 본연의 생활이 가능합니다. **주위에서 어떻게 보고 있는가를 별로 의식하지 않고, 자기 페이스를 유지하고 있습니다.** 자기만의 특징을 가지면 그 개성이 얼굴에 묻어나오게 됩니다.

이솝우화 중에 '북풍과 태양'이라는 이야기가 있습니다.

북풍과 태양이 힘겨루기를 하여 여행객의 코트 벗기기를 경쟁하게 되었습니다. 먼저 북풍이 강하고 차가운 바람을 여행객에게 보냈지만, 그는 추위에 코트를 더욱 감싸 안아 벗기는 것이 불가능하였습니다. 다음은 태양이 따뜻한 햇살을 보내자, 더위에 여행객은 참지 못하고 코트를 벗어 태양이 이겼다는 이야기입니다.

혹시 여러분의 마음속에 자신을 누르고 억제하는 '북풍'이 불고 있다면, 그곳에서 나만의 모습을 발견하기 위해 태양을 찾아보시길 바랍니다.

여기에서 '태양'은, '이렇게 되면 좋겠다' '해보고 싶다'는 여러분의 솔직한 마음입니다.

내용이 단순해서 어린이같이 보이고, 황당무계하여 실현 불가능한 것이라도 상관없습니다. 그것이 실현되면 얼

마나 즐거울까…. 눈을 감고 머릿속으로 그 모습을 그려
보는 것입니다.

실제로 되든 안 되든 상관하지 마십시오. 그것을 즐
겁게 생각하는 것만으로도 뇌가 반응하고 여러분은 햇
살처럼 따뜻하고 온화한 기분이 될 것입니다.

이런 습관이 지속되면, 반드시 '착한 사람 콤플렉스'
라는 코트를 벗게 될 것입니다.

'있는 그대로의 자신'을 드러내면서 생활하자

눈앞의 현실에 충실하기 위해서 먼저 '있는 그대로의
자신'을 느껴보아야 합니다. 그러면 자신을 진정으로
좋아하게 됩니다.

있는 그대로 살아가는 것은 어려울 수 있습니다. 사
회적으로 이렇게 해야 한다는 입장에 따라 행동을 하고,
본심과는 다른 것을 이야기하고, 때로는 거짓말을 하
기도 하고…. 그러나 왠지 모르게 마음이 편치 않음을

느낄 것입니다.

자신이 어떤 생각을 하는지, 무엇을 하고, 무엇을 말하고 싶은지…. 있는 그대로의 자신을 받아들이는 것은 두려움을 동반하지만, 일단 마음을 바꾸면 뇌는 깊은 안정감에 놓이게 됩니다.

그럼, 있는 그대로의 자신을 나타내고 살아가는 천재한 사람을 소개하겠습니다. 바둑계에서 60년 이상 프로기사로서 활약해 온 레전드, 카토 히후민 9단입니다.

'히후민'이라는 애칭으로 알려져 있고, 지금은 많은 TV프로그램에서 인기몰이를 하고 있는 카토 씨를 이전에 대담한 적이 있었을 때 다음과 같은 광경을 목격하였습니다.

프로그램을 시작하기 전 주최자 측이 대본을 준비하고 "이런 흐름으로 이야기해 주세요"라고 히후민 씨와 상의하였습니다. 그런데 막상 방송이 시작되자, 대본을 완전히 무시하고 자기 페이스로 이야기하는 것이었습니다. 주위는 조마조마하며 곤욕스러워하였지만, 그런 개성적인 캐릭터를 가지고 있는 그 자체가 히후민 씨의 매력이었습니다. 있는 그대로를 드러냄으로써 다수의 사람에게서 사랑받는 존재가 되는 것입니다.

두려워하지 않아도 괜찮습니다. '**착한 사람**'에서 벗어나기 위해 중요한 것은, 다른 사람에게 인정받기 위해 일희일비하지 않고 있는 그대로의 자신을 수용하는 것입니다.

억지로 미소 짓기 전에
'착한 사람'이 되는 것에 조심하자

'팔방미인'과 '착한 사람'은 전혀 다르다!

'모든 사람들로부터 호감을 받고 싶다'

'모든 사람들에게 좋은 모습을 보여주고 싶다'

이런 사람을 '팔방미인'이라고 부릅니다.

일반적으로 팔방미인은 누구에게나 좋은 얼굴을 하고 '빈틈없이 요령이 좋은 사람'이라는 이미지로, 부정적으로 해석되는 경향이 있습니다만,[1] 저는 이것은 인간관계에 있어 극히 고도의 스킬이라고 생각합니다.

왜냐하면 **사람에 따라 말하고, 행동하고, 교제하는 방법을 유연하게 바꿀 수 있다는 것은, 상당한 배려심이 있고 머리가 좋다는 뜻이기 때문입니다.**

즉 팔방미인이라는 말은, 사람들로부터 미움받는 것이 두려워 누구에게나 호감받으려 애를 쓰는 '착한 사람'과는 정반대의 사람을 의미합니다.

예를 들어,

'지금 이런 말을 하면 눈앞의 상대가 즐거워할 것이다'

'장래를 보고 이것을 해두면, 이 사람은 도움이 되겠지'

라고 순간적으로 생각하고 행동하려면 상당한 통찰력이 필요합니다.

미움받는 것이 두려워 자기 자신의 보호에만 신경을

---

1 일본에서 팔방미인은 주관이 없고 누구에게나 잘 보이도록 처세하는 박쥐 타입의 인간을 낮잡아 부르는 일종의 욕설로 사용되는 경향이 있다.

쓰고 있는 사람은, 어떤 식으로 노력을 해도 상대의 마음을 읽을 수 없습니다.

그런 점에서 상대가 어떻게 하면 기뻐할지를 늘 진지하게 생각하고 있는 사람은 누구로부터도 사랑받고 무엇을 하더라도 받아들여집니다.

그러므로 만약 여러분이 팔방미인이 되겠다고 한다면, 늘 머리를 풀(full) 회전해야 합니다. 아무렇지 않은 대화와 행동 속에서 상대가 무엇을 원하는가를 간파해야 합니다.

이 팔방미인과는 약간 뉘앙스가 다르지만, 다른 사람들과 공감을 형성하는 천재로서 가장 먼저 생각나는 사람이 다나카 카쿠에이 씨입니다.

맨손에서 국무총리의 자리까지 올라 '입지전적인 인물'로 불리우는 다나카 카쿠에이 씨는, 최근 다양한 평가를 받고 있습니다만, 어쨌든 많은 사람들을 끌어당기는 매력이 가득한 사람입니다. 그는 **인간관계를 무엇보다 중요시하여, 자신을 의지해 온 사람들을 위해서 먼**

저 솔선수범했다고 합니다.

"내 기준은 접어두고, 다른 사람들의 의견에 귀를 기울인다.

좋은 것은 양보한다.

손해를 보는 것이 이득을 보는 것이다. 사랑받는 사람이 되라!"

이것은 다나카 씨의 명언 중 일부입니다.

말 그대로 손해를 보고 이득을 얻는 것이, 사람들에게 사랑받는 비결이라고 말하고 있습니다.

표면상 타인들에게 맞추고 있음에도 불구하고, 실은 자신의 평가를 우선시하여 생각하고 행동하는 경향을 가지고 있는 '착한 사람'이 명심해야 할 말이 아닐까요.

다나카 씨는 또 이런 명언을 남겼습니다.

"일을 하는 것은 불평을 듣는 것이다.

칭찬받기에 가장 좋은 것은 일을 하지 않는 것이다.

그러나 그것은 정치가의 임무를 다하지 못함이다.

비판을 두려워하지 말고 하라."

확실히 주위의 눈치를 살피며 아무것도 하지 않으면 비판받을 것이 없습니다.

그렇지만 **타인으로부터 비판받는 것은, 당신이 무엇인가를 하고 있다는 증거로서 앞을 향해 나아가고 있음을 뜻합니다.**

자기중심과 제멋대로의 차이에 대한
'착한 사람'의 착각

나쓰메 소세키에게 배우는
'타인중심'에서 '자기중심'으로의 탈출법

"당신이 지금, 정말 하고 싶은 것은 무엇입니까?"

이런 질문을 하면 대부분의 사람들은 곤혹스런 얼굴을 합니다.

'해야 할 것'이 많기에 무엇인가를 천천히 하고 싶다고 생각할 여유조차 없기 때문일 수도 있습니다.

많은 사람들은 '자신이 무엇을 하고 싶은지?' '이것이 진심으로 자신이 하고 싶은 것인지?'라는 질문 자체에 익숙하지 않습니다.

특히, '착한 사람'일수록 이런 작업에 서툰 경향이 있습니다. '자신이 하고 싶은 것을 주장하는 것은 이기심'이라는 의식이 있어 죄의식마저 느끼는 경우도 종종 봅니다.

여기서 저는 '**마음대로**'와는 비슷하면서도 다른 '**자기중심**'이라는 말을 소개하고 싶습니다.

'자기중심'이라는 말을 사전에서 인용하면 '사물을 자신의 관점에서 생각하고 행동하는 것'이라고 나와 있습니다. 나쓰메 소세키[2]에 의해 유명해진 단어가 된 '자기중심'과 관련된 일화를 소개합니다.

----

2 나쓰메 소세키 (1867~1916) – 소설가이며 평론가, 영문학자로서 일본의 국민작가라 불리며, 인간의 심층심리를 관찰, 움직임을 묘사하는 데 큰 관심을 가진 것으로 알려져 있다.

그는 젊은 날 번민하던 시절이 있었습니다. 대학에 들어가 영문학을 공부하였지만, 작문할 때 관사가 빠지면 야단을 맞았고, 시험은 'OO은 언제 죽었는가' 등 지식을 시험하는 문제뿐, 영문학은 어떤 것인지, 나아가 문학이라는 것은 무엇인지 배우지 못했습니다.

그렇게 대학을 졸업하고 교사가 되었지만 교사에 뜻이 있었다기보다 시대의 흐름에 맞춘 것으로 '마음속은 늘 공허했다'고 합니다.

교사라는 직업에 흥미를 잃고 **'나는 이 세상에 태어난 이상 무엇인가를 해야 한다. 그렇지만 무엇을 해야 좋을지 전혀 알 수 없어 그냥 안개 속에 갇혀있는 고독한 인간과 같이 꼼짝 못 하게 되었다.** (중략) 마치 가방 속에 갇혀 나갈 수 없을 것 같은 느낌이 든다'는 나쓰메 소세키의 이 기분을 현대의 많은 사람들이 공감하고 있지 않을까요.

그러던 중, 어느 날 갑자기 문부성에서 영국으로 유학하라는 통보를 받게 됩니다.

하지만 영국에 가서도 소세키의 이러한 조바심은 계속되었습니다.

자신이 갇혀있는 공간을 벗어날 수 있는 실마리를 찾아 런던을 헤매도 찾을 수 없었습니다. 아무리 책을 읽어도 알 수 없었고, 결국에는 책을 읽는 의미조차 상실해 버리게 됩니다.

그리고 그렇게 찾아 헤맨 후, 결국 소세키에게 큰 깨달음이 찾아왔습니다.

'문학이란 어떤 것인가, 그 개념을 스스로 만들지 않으면 나를 구할 수 있는 길은 없다'고 깨닫고, '지금까지 완전한 타인중심으로, 뿌리 없는 부초와 같이 이리저리 떠있었기에 실패했다는 것을 겨우 깨달았다'고 말합니다.

당시에는 서양인들이 **좋아하는 것이라면 무엇이든지 추종하였기에, 자신이 좋다고 생각하지 않으면 받아들일 필요가 없는데도 '타인 중심'으로만 생각하려는 불안한 마음이 있었음**을 깨닫게 된 것입니다. 그때는 유학한 지 1년 이상이 지난 후였습니다.

그리고 소세키는 '자기중심'이라는 단어를 생각하게 되었습니다. 이 단어를 이해하고 나서 그는 정신적으로 강해졌습니다. 그리고 그 생각에 관한 저술을 평생의 일로 여기고 나자, 지금까지 안고 있던 불안감이 완전히 사라졌다고 합니다.

이것을 우리들의 입장에서 생각해 보면 다른 사람이 좋다는 것을 나도 좋다고 생각할 필요가 없다는 것입니다. 상대와 나는 완전히 다른 사람이므로, 의견이 다르더라도 틀린 것이 아닙니다.

'착한 사람'은 타인과 자신의 의견이 다른 것을 불안해하는 경향이 있고, 상대가 "이렇게 합시다" "이렇게 생각하지 않나요?"라고 하면, 우선 "그렇게 합시다" "그렇네요"라고 맞추어가는 사람입니다.

그렇지만 '타인중심'의 마음가짐에 치우쳐있으면, 자신의 내면에서 솟구쳐 나오는 진정한 생각을 깨닫지 못해 점점 불안감이 커져갑니다.

런던에서 나쓰메 소세키가 깨달은 것처럼, 타인의

의견과 자신의 의견이 다름을 두려워하지 말고 자신의 생각을 소중히 해주었으면 합니다.

'자기중심'으로 생활하기 위한 블루오션을 찾아내자!

'자기중심'으로 생활하는 것에는 상당한 메리트가 있습니다. 그중 하나가 바로 자신에게서 '블루오션(파란 바다)'을 찾아낼 수 있다는 것입니다.

블루오션은 프랑스의 대학원 교수인 김위찬과 르네 모보르뉴가 『블루오션 전략』이라는 공저에서 제창한 상업 용어로서, '경쟁 상대가 없는 미개척의 시장'이라는 의미가 있습니다. 그 책에는 싸워야 할 상대가 넘쳐나는 '레드오션(피바다)'을 떠나 누구와도 싸울 필요가 없는 넓은 바다, 블루오션에 배를 띄우자는 메시지가 들어있습니다.

이 블루오션 전략은 우리들의 두뇌 메커니즘과도 매우 깊은 관계가 있으며, 사람의 사고방식이나 삶에 대한 태도와도 크게 연관되어 있습니다.

상대에게 도움이 되지 못하면, 상대의 기대에 부응하지 못하면, 상대에게 미움받지 않으려면….

이 '상대가, 상대가'라는 가치관에 매달리는 레드오션에서 벗어나야 합니다.

'자기중심'으로 살아가는 사람들에게는 블루오션이라는 큰 바다가 열려있습니다. 거기에서 타인중심의 가치관을 넘어선 '새로운 자신'을 만날 수 있습니다. 이것이야말로 지금 '착한 사람'을 벗어나고 싶은 사람들에게 필요합니다.

그럼 내 가치관의 블루오션을 찾아내기 위해서 어떻게 하면 좋을까요.

평소 내가 가지고 있는 사고와 행동을 180도 바꾸어 '다른 사람의 영향이 없는 세계'로 배를 띄워보자는 것이 저의 제안입니다.

먼저 자신이 진정 흥미 있는 것에 관심을 가져보십시오. 결코 타인에게 이끌려 가는 것이 아니라, 자신이 관심을 가진 것에 투자하십시오. 즉 자신을 기업의 CEO로 생각하여 스스로의 자산 가치를 끌어올리는 '자기중심'으로 생활하는 것입니다.

당연하지만 지금까지 뛰어든 적이 없는 블루오션에 뛰어들려면 용기가 필요합니다. 이런 상황에 처한 분들에게 저는 늘 '최초의 펭귄' 이야기를 합니다.

'최초의 펭귄'은 눈얼음 위에서 집단행동을 하는 펭귄의 무리 중에서 먹이를 확보하기 위해 천적이 있을 수 있는 바다에 먼저 뛰어드는 한 마리의 용기 있는 펭귄을 가리키는 말입니다.

펭귄들은 바다에 뛰어들 듯 기색을 보이면서도 좀처럼 뛰어들지 않습니다. 슬슬 뛰어들까 생각하다가 주저하고, 그만둬 버립니다. 마치 서로 "네가 먼저 들어가 보라"고 양보하고 있는 듯합니다.

그러나 언제까지 뛰어들지 않을 수 없습니다. 위험을 감수하고 바다에 들어가지 않으면, 먹이를 잡을 수 없습니다.

그중에 과감하게 바다에 먼저 뛰어드는 '최초의 펭귄'이 있습니다.

이 최초의 펭귄도 갑자기 바다에 뛰어들기에는 상당한 용기가 필요하지만, 이 한 마리의 행동이 방아쇠가 되어 먹이를 얻고 무리 전체가 가혹한 자연환경에서 생존하게 됩니다. 최초의 펭귄은 이런 피할 수 없는 선택을 내려야 할 상황에서 언제나 결단을 내리고 바다 속으로 뛰어듭니다.

이런 '용기 있는 최초의 펭귄'처럼, 비즈니스에서 아무도 도전한 적이 없는 영역에 용기를 가지고 뛰어드는 사람을, 미국에서는 경의를 표해서 '퍼스트 펭귄(최초 펭귄)'이라 호칭합니다.

하고 싶지 않으면, NO라고 말한다
다른 사람과 다르더라도, 자신이 좋아하는 방식을 선택한다

여러분이 새롭게 도전하는 영역은 다른 사람에게는

아무 특색 없는 보통의 세계일 수 있습니다. 그렇지만 여러분에게는 '전대미답(前代未踏)의 영역'입니다.

여러분이 여러분의 뇌 속에서 최초의 펭귄이 된다면 좋겠습니다.

펭귄뿐 아니라, 우리 모두도 불확실성의 세계에서 살아갑니다.

무엇이 정답이고 무엇이 틀린 것인지는 누구도 알 수 없습니다.

그렇지만 사람은 무엇이든지 스스로 결단하고, 용기를 가지고 행동해야 합니다.

그때 내 안에 혁신을 일으킬 수 있다면, '타인중심'에서 '자기중심'의 생활방식을 선택할 수 있습니다.

CHAPTER 2 정리

. . . .

- 뇌 거울에 '단점'을 비춰 자신의 '장점'과 '개성'을 발견해 보자.

- 인공지능의 역할이 증가하는 시대에는, 주변에서 뜨는 것보다 묻혀버리는 것이 더 위험하다.

- '상대의 과제'가 아닌 '자신의 과제'라 생각하고, 상대의 기대를 초월해 보자.

- '착한 사람'에서 벗어나기가 주저스럽다면, '흐름'을 이용해 자신을 드러내 보자!

- '타인중심'으로 살면 평생 불안하다. '제멋대로'와는 다른 '자기중심'으로, 자신의 생각을 소중히 하는 습관을 가지자.

셀프 브랜딩은 사회와 주변에
자신이 어떤 가치를 제공할 수 있는가,
어떻게 공헌할 수 있는가를 다른 사람의 평가에
매달리지 않으면서 책임지고 발언하며
명확히 행동하는 것입니다.

뇌가 '착한 사람'을 그만두게 하는 습관이란?

'착한 사람'을 벗어나지 못하는 것은 늘
상대의 지시를 기다리고 있기 때문이다

지시를 기다리는 '착한 사람'이 아니라
'자발적이고 긍정적인 사람'이 되자!

2018년 FIFA 월드컵에서, 일본 축구 대표팀이 선전한 경기가 있었습니다.

선수들이 축구강호와 대등하게 경기하는 모습을 보고 '언젠가 일본도 월드컵에서 우승할 날이 오지 않을까' 하는 기대를 해보았습니다.

그러나 젊은 신진선수들에게 다양한 변화의 조짐이 보임에도, 일본의 '절차중심' 축구로는 월드컵 우승은 불가능하다고 생각하는 사람들도 있습니다.

절차중심의 축구라 함은 감독의 지시에 충실하게 따르는 것으로, 자기 판단으로 상황을 타개하는 것이 서툴다는 것을 의미합니다.

확실히 월드컵에서 우승하는 국가의 선수들은, 감독이 지시하는 전술 외에도 한순간의 영감에 의해 상대가 예측할 수 없는 창조적이고 자발적인 경기에 능숙합니다.

이런 자발적인 경기 능력의 습득은 이전 장에서 서술한 일본 '야구'와 같이 이 나라가 극복해야 할 과제입니다.

'지시를 받지 않으면, 아무것도 할 수 없다'는 전제로 움직이는 조직과, '지시가 없더라도, 기대 이상의 것이 가능'한 조직에서는, 커뮤니케이션의 방법과 선수들의 자세가 완전히 다릅니다. 말할 것도 없이 대부분의 일본선수는 전자에 속하며, 그것이 일본의 축구와 야구가 안고 있는 '세계와의 격차'입니다.

물론 어느 쪽이 정답이고 어느 쪽이 틀린 것은 아닙니다. 어느 쪽도 조직론에서는 정답이라 할 수 없습니

다. 그러나 개인의 자발성과 자유로운 창의성을 전제로
한 운영이, 보다 강한 조직을 만들어내는 것임은 틀림없
습니다.

말하기 전에 긍정적으로 생각하는 습관을 가지자

  이런 조직론은 축구와 야구의 세계에만 있는 것이 아
니고 비즈니스에서도 동일합니다.

  확실히 경영진의 지시에 충실하게 움직이고, 주위사
람과 상사에게 조화를 맞추면서 일하는 사람은 회사에
서의 평가도 높고 주위에서도 호감받는 존재가 됩니다.
그렇지만 이처럼 지시를 기다리는 사람이 늘어나고 필
요 이상으로 주위와의 협조를 구하는 조직문화야말로,
일본에서 '착한 사람 콤플렉스'를 양산시키는 근본요인
이 아닐까 생각합니다.

  사람의 뇌는 세밀한 지시를 받으면 받을수록 자신의 머
리로 사물을 관찰하지 못하게 됩니다. 즉 사고가 정지되

고 함몰되어 갑니다. 사고를 정지한 '착한 사람'이 늘어나면 늘어날수록, 그것에 비례하여 조직의 사고정지도 늘어나 결과적으로 원하는 만큼의 성장을 할 수 없습니다.

반대로, 지시가 없더라도 상황에 맞추어 최적의 판단과 행동을 취할 수 있다면 각자의 일에 집중하여 대응할 수 있는 조직으로 점점 성장해 갈 것입니다.

따라서 조직에 속한 개인이 계속 생존하기 위해서는, '자발적인 뇌의 사용법'을 습득할 필요가 있습니다.

그럼 '착한 사람의 뇌'에서, '자발적인 뇌'로 바꾸기 위해서는 어떻게 하면 좋을까요.

먼저 긍정적으로 사물을 보는 습관을 길러야 합니다. 전향적인 생각을 하면 뇌는 자발적인 행동을 하게 되기 때문입니다. 그렇게 되면 타인이 무슨 말을 하더라도 자신의 의지로 행동하게 됩니다.

여러분은 '아프리카에 신발을 판매하러 간 세일즈맨'의 이야기를 알고 계신가요.

신발 세일즈맨인 A씨와 B씨가 신 시장 개척으로 아프리카에 주목하였습니다. 아프리카는 아직 타 경쟁사가 진출하지 않은 곳이기에 '일단 가보라'는 회사 방침이 내려왔습니다. 이런 큰 기회를 놓치지 않기 위해 A씨와 B씨는, 현지로 시장조사를 가기로 하였습니다.

현지에 도착하자마자 두 사람은 곧바로 현지사정을 읽을 수 있었습니다.

"뭐야, 모두 신발을 안 신고 있잖아!"

아프리카 사람들은 모두 신발 없이 생활하고, 누구한 명 신발을 신고 있지 않았습니다. A씨는 그 상황을 보고 아연실색하여 곧 회사에 전화를 하였습니다.

"사장님, 아프리카 진출은 불가능합니다. 이곳 사람들은 모두 신발을 신고 있지 않습니다. 여기에는 신발 시장이 없으니 절대 팔리지 않을 것입니다."

한편 B씨도 이 상황을 보고, 곧장 회사에 전화하였

습니다.

"굉장합니다! 사장님! 누구 한 사람 신발을 신지 않았습니다. 여기에서 신발을 판매하면 날개 돋친 듯 팔리겠습니다. 아프리카에 엄청난 기회가 잠재해 있습니다!"

이처럼 똑같은 상황을 목격했지만 A씨와 B씨의 관점은 서로 달랐습니다.

어떻습니까.

이 이야기에서의 교훈은, 극한의 상황에서 인간은 긍정적으로도 부정적으로도 생각할 수 있다는 것입니다. 이것이 뇌가 가지고 있는 특징 중 하나입니다.

스스로 긍정적인 사람이 되는 나를 위한
재치 있고 억지스런 행동

'착한 사람'을 벗어나서 스스로 행동하려면 긍정적으

로 사물을 보는 습관을 가지는 것이 지름길이라고 서술하였습니다. 이번에는 그렇게 자발적으로 긍정적인 사람이 되는 방법을 소개해 드리겠습니다.

그것은 바로, 평소 자신의 행동과 다른 의외스럽고 재치 있는 억지스런 행동을 해보라는 것입니다.

억지스런 행동이란 사전(事前)에 전혀 협의되지 않은 것을 갑자기 상대에게 요구하는 행위로, 개그세계에서 자주 사용하는 유머코드의 하나입니다. 엉뚱한 행동에 당한 상대는 갑작스런 요구에 깜짝 놀라면서도, 어쩔 수 없이 그 자리에서 적극적으로 대응하게 됩니다. 이처럼 당황했을 때, 자기 자신의 뇌에 **'무리한 요구'를 전달해 보라는 것**입니다.

뇌 메커니즘에서 보면, 자신에게 무리한 행동을 하면 큰 장점이 있습니다. 뇌는 갑작스런 요구를 받으면 필사적으로 해결책을 생각합니다. 전례(前例)가 어떠했는지, 주위가 신경 쓰인다든지 하는 생각을 할 여유가 없습니다. 또한 자신이 넘기 어려운 허들을 운 좋게 넘었을 때의 기쁨으로 행복호르몬-도파민이라는 신경전달 물질을 방출하게 됩니다.

그리고 여러분이 난처함에 취하여 평소라면 하지 않았을 의외의 행동은, '있는 그대로'의 나를 아는 단서가 됩니다.

여기에서 제 자신의 억지스런 이야기를 두 가지 정도 소개합니다.

예전에 백화점에서 30분 정도의 토크쇼를 의뢰받은 적이 있었습니다. 토크쇼 장 옆에는 에스컬레이터가 있어, 많은 사람들이 오르내리는 상황이라 저도 청중도 좀처럼 집중할 수 없는 장소였습니다. 하지만 어떤 상황에서도 토크쇼를 성황리에 마치기 위해, 제 자신에게 재치 있는 무리한 발상을 시도해 보았습니다.

'좋아, 이 어려운 곳에서도 사람들을 웃겨보자!'

그렇게 생각을 바꾸니 마음속에서 상황에 끌려가고 있다는 생각은 사라지고, 자발적인 토크쇼를 하게 되었습니다. 토크를 나누는 토크로 현장의 분위기는 뜨겁게 달아올랐습니다.

또 하나의 예로, 제가 집필한 영어책의 PR을 위해 영국 BBC와 프로그램을 녹화할 때의 일입니다.

해외 텔레비전과 라디오 프로그램의 녹화는 일본과는 단계와 절차가 완전히 다릅니다. 일본의 경우 '이렇게까지 할까' 할 정도로 사전협의에 많은 시간을 할애합니다. 프로그램을 만드는 측은 출연자가 절차대로 움직인다는 보장을 받으려 합니다. 그렇게 하지 않으면 본방송을 내보내는 것이 불안하기 때문입니다.

그런데 해외방송은 사전메일과 내용의 협의가 일체 없습니다.

녹화현장에 도착하니, "켄, 오늘은 당신 생애에서 최초로 구입한 차에 관해 이야기를 나누어봅시다"라며, 갑자기 본방이 시작되었습니다.

'자동차 이야기를 해줘'라는 말을 듣자, 저도 이런 경험은 쉽게 겪는 것이 아니라 순간적으로 당황했습니다. 그때 저는 '이 부담감을 이기지 않으면, 어떻게 할 것인가!?'라고 생각했고, 억지스럽지만 천연덕스럽게 다음과 같이 이야기를 하였습니다.

"제가 영국에서 처음 구입한 자동차는 3만 엔의 낡은 수동 차량으로, 교차로에 들어가기만 하면 엔진고장을 일으켰습니다. 그렇지만 그때마다 영국인들은 '그런 일은 비일비재하다'며, 경적도 울리지 않고 따뜻하게 기다려주었습니다."

그러자 사회자의 반응도 좋고 속도감 있게 프로그램을 진행하여, 무사히 녹화를 마치게 되었습니다.

이렇게 재치 있는 억지를 몇 번인가 반복하면, 어떠한 상황에서도 피해 의식을 가지지 않고 '자발적이고 긍정적인' 마음으로 대처할 수 있습니다.

누구에게 무엇을 부탁받았을 때, 어떻게든 '착한 사람'의 심리가 발동하여 '나 자신이 조금 희생하는 것이 좋다' '거절하면 인간관계가 깨질 수 있으니 참고 한다'는 결론을 내게 될 때가 있습니다. 하지만 그렇게 '이 순간을 모면해야겠다'며 다른 사람들에게 맞추는 사고방식으로는, '착한 사람'에서 벗어나는 것은 불가능합니다.

'이 상황을 어떻게 하면 즐겁게 할까' 하는 의식만 가지면, 무엇이든 배움과 성장의 기회가 될 수 있습니다. 이것을 알기 위해서, 이렇게 재치 있는 무리한 행동을 하는 것은 아주 좋은 처방이 됩니다.

손해만 보는 '착한 사람'의
자기방어를 위한 조언

리스크 분산을 위한 '관계유지의 포트폴리오'

가능하다면 의기투합한 마음이 맞는 사람들과 만나고 싶지만, 세상을 살아가려면 자신과 마음이 맞지 않는 사람과도 노력하여 교제해야 할 때가 있습니다.

직장 동료를 포함한 주변 사람들, 아이 친구 엄마들…. 어쩌다 우연히 만난 사람과 많은 시간을 보내야 하는 경우도 포함됩니다.

'착한 사람'은 이러한 인간관계에서 능숙하게 거리를 조절하는 것이 서툽니다. 마음이 맞지 않는 사람과도 마음이 맞는 것처럼 '착한 얼굴'로 대하기 때문에, 서로 난처해지거나, '뭐든지 부탁을 들어주는 사람'이라고 인식되어 이용당하게 됩니다.

교제를 능숙하게 하는 비결 같은 것은 없을까요.

저는 교제의 '생존전략'으로, 종종 '관계유지 포트폴리오'라는 말을 사용합니다.

영국의 인류학자로서 옥스포드 대학의 인지진화 인류학 연구소 소장인 로빈 던바 교수는, '던바의 법칙(Dunbar's number)'이라는 무척 흥미로운 연구를 하였습니다. 이 연구로 원숭이의 뇌 크기가 관계유지를 하는 동료의 숫자와 비례하고 있다는 것이 밝혀졌습니다.

원숭이들이 서로 털을 깨끗이 해주는 행위는, 단순히 체모 사이에 있는 벌레를 채취하는 등의 행동을 넘어서 동료 간의 유대를 깊게 하는 중요한 행동입니다. **인간도 그와 같은 '자기관리를 위한 관계유지의 행위'가 필요하다**고 던바 교수는 말합니다.

그럼 인간의 관계유지는 어떻게 이루어지는 것입니까.

바로 커뮤니케이션입니다.

가령 영업 담당자가 거래처를 방문하여, 고객 자녀들이 성장한 모습 등 비즈니스와는 관계없는 내용에 대해 잡담하는 것이 그것입니다. 상대와 정기적으로 접촉하고, 긍정적인 말을 주고받는 것이 인간관계 유지, 즉 커뮤니케이션의 기초라고 할 수 있습니다.

이 행위를 지속함으로써, 우리는 상호 간 적당한 간격과 호감을 가지고 관계를 이어가게 됩니다.

연구결과에 의하면 인간은 대략 150명과 관계유지가 가능한 뇌의 용량을 가지고 있다고 합니다. 대략 150명이라는 숫자는, 한 사람이 인간관계에서 적절한 균형을 유지할 수 있는 규모라고 합니다.

이러한 던바 교수의 연구결과를 제 나름대로 해석하여 여러분에게 말씀드리고 싶은 것은, 이 150명을 '자신과 마음이 맞는 사람'만으로 고정시키지 말라는 것입니다. 예를 들어 직장에서 자신이 좋아하는 상사와 동료들만으로 관계유지를 한다면 능숙한 인간관계를 영

위하는 데는 손해가 큽니다.

　앞에서 팔방미인에 관하여도 이야기하였습니다만, **뇌과학적으로 보더라도 조직에서는 전방위 외교를 하는 편이 생존 가능성이 높습니다.** 이것은 파벌 간의 출세전략만을 말하고 있는 것은 아닙니다. 사회조직과 개인의 관계를 생각할 때, 자신과 마음이 맞는 사람하고만 정보를 공유하면 아무래도 편향된 정보만으로 살아가게 됩니다. 특정한 사고방식밖에 모른다면 자신의 삶이 특정 의견에 따라서만 좌지우지되기 마련입니다.

　'우리 회사는 상무 밑에서 근무하면 장래가 안전하다'
　'창업기간이 긴 대기업에 근무하고 있으면 무너질 일이 없다'
　이러한 '편향된 사고방식'에 따라 살아가는 것은, 길게 보면 살아가는 데 상당한 리스크를 만들어냅니다.
　투자 등 자금 분야의 아이디어와 연관 지어 해석해 본다면, 인간관계는 '삶의 방식 포트폴리오'를 만들어가는 것이라고 볼 수 있겠습니다. 포트폴리오는 원래 평평한 서류가방을 가리키는 단어였지만, 지금은 금융 세계에서 투자 리스크를 낮추기 위해 다양한 방향으로 투자처를 분산시키는 조합을 가리키는 말입니다. 시중에 난무하는 것과 정반대의 정보나, 심지어 생각지도 못한 다른 차원의 정보 등 다양한 정보를 저장하여, 미래에 닥칠 리스크를 분산시키는 것입니다.

익숙해지기 전에는 어려울 수 있지만, **평소 자신의 생각과 행동 범위가 다른 사람들과 접촉할 기회를 만들어 정보교류를 도모하는 일은 필요하다**고 생각합니다.

이전 일본사회에서는 목욕탕에서 서로 모르는 남성들이 시사문제를 이야기하고, 장기도 두며, 세상의 이것저것에 관하여 담소하였습니다. 여성들에겐 미장원 등이 모르는 사람들과 관계를 유지하는 장소였습니다. 그곳에는 학교의 선생님도 있고, 생선가게의 주인도 있었습니다. 서로 다른 세계에서 살아가고 있는 사람들이 서로의 경험을 가져와 공유하며 자신들의 가치관을 키워갔던 것입니다.

이러한 '관계유지의 포트폴리오'를 해두면, 여러 가지 깨달음과 발견을 하게 되고, 그 결과로서 '사회란 원래 이런 것이다' 혹은 '사람과의 관계는 이렇게 해야 한다'라는, 굳어져 있는 '착한 사람의 가치관'에 휘둘리지 않게 됩니다.

세상에는 많은 가치관이 있어 자신과 똑같은 가치관을 가진 사람은 한 사람도 없습니다만, 다양한 가치관을 발견하고 그것을 받아들이는 품이 넓은 사람이 있습니다. 그런 사람을 '인간관계의 달인'이라 부릅니다.

그 좋은 예가 장래의 총리 대신 후보로 주목받고 있는 현재 자민당 농림부 회장인 고이즈미 신지로 씨입니다.

고이즈미 씨는 연설과 토론회, 집회 등에서 독수리가 순식간에 먹이를 채가는 것처럼 청중의 마음을 사로잡는 마술 같은 언어의 힘을 가지고 있습니다. 그는 잡지에서 상대와 마음의 거리를 순식간에 좁히기 위해서는 최초의 '관심'이 중요하다며 이렇게 말한 적이 있습니다.

"관심 집중이 잘되었을 때와, 그렇지 못했을 때, 연설 전체가 바뀐다. 최초연설이 잘되어 쭉 들어가면, 그후 마지막까지 청중이 질리지 않게 말하고 싶은 것을 전달할 수 있는 분위기가 형성된다. 그 분위기를 만들 수 있는지 없는지가, 연설의 좋고 나쁨에 큰 영향을 미친다고 말해도 좋다."

이처럼 **상대와 마음의 거리를 좁히는 '관심'을 집중시키는 능력을 가지고 있다면, '착한 사람'을 연기하지 않고도 사람들과 능숙하게 잘 사귈 수 있을 것입니다.**

유머 감각을 연마하자!

사람과의 거리를 좁히고 좋은 관계를 유지하기 위해 다음과 같은 방법도 있습니다.

직장에서 주변사람들이 자연스럽게 모여드는 사람이 있습니까?

어떤 사람의 주위에 사람들이 모이는 이유는 다양하지만, 그중 하나는 그곳의 분위기와 사람들의 기분을 편안하게 해주는 유머 감각을 가지고 있기 때문이라고 말할 수 있습니다.

그 유머 감각이 '착한 사람'에서 벗어나는 큰 도구입니다.

유머가 넘치는 사람과 대화하면 자연스럽게 웃게 되고, 즐거운 기분이 됩니다. **품위가 있는 유머는 상대를 편안하게 하고, 분위기를 따뜻하게 하는 힘이 있습니다.**

비판과 욕설로 웃음을 짓게 하는 유머와는 다릅니다. 나쁜 농담이나 상스러운 말도 유머와 다릅니다. 유머는 사람에게 상처를 주지 않고, 지적이고 품위 있는 대화로 이루어지는 것입니다.

유머감각이 있는 사람 중 제일 먼저 떠오른 사람은 비토 타케시 씨입니다.

타케시 씨는 이전에 근위축성측색경화증(ALS) 연구를 지원하기 위해 찬물을 머리부터 뒤집어쓰는 '아이스

버켓 챌린지'가 유행했을 때 이런 유머를 선보였습니다.

"저에게도 조만간 온다고 생각하지만, 안 해요. 왜 차가운 물로 해요? 저는 열탕에 들어가도 돈을 받고 들어갈 쪽인데….'

또 후지 텔레비전에서 32년간 방송한 인기 버라이어티 프로그램 '웃어도 좋다고!'의 마지막 회에서, 명물코너 '텔레폰 쇼킹'에 마지막 게스트로 출연하여 '표창장'이라는 제목으로 이런 유머를 선보였습니다.

"오랫동안 '웃어도 좋다!' 사회를 해온 히모리 씨에게, 저는 표창장을 보내고 싶습니다. 덧붙여서 이 표창장은, 저와는 상관없는 유령 작가가 대신 써준 것입니다."

어떻습니까. 타케시 씨의 유머는 밑바닥에 비판정신과 의미가 숨겨져 있으면서도, 이야기의 내용과 단면은 애교가 넘치고, 사람의 마음을 누그러뜨리는 큰 힘이 있습니다.

타케시 씨의 고난도 유머에 도전하는 것은 무리라 해도 유머감각을 지니고 익히는 것 자체는 뇌과학의 입장에서도 꼭 추천하고 싶습니다. **뇌의 정신회로는 낙관적으로 사물을 파악할 때 활성화되어 잠재능력이 발휘되는 성질을 가지고 있기 때문입니다.**

인간관계뿐만 아니라 다양한 도전을 해나갈 때 미소는 매우 중요합니다. 미소는 뇌를 진정시키는 효과도 있기 때문에, 늘 미소를 습관화하면 갇힌 사고에서 해방됩니다. 유머를 통해 웃음을 취할 수 있는 사람은 가치관이 폭넓고 인간관계도 순조로운 경우가 많아 자연히 사람들이 모여듭니다.

이제 유머가 넘치는 회화술을 익힐 수 있는 3가지 방법을 소개하겠습니다.

1. 평소와는 다른 각도에서 사물을 보고 생각한다

평소와는 다른 각도로 사물을 보고 생각하는 습관을 익힘으로써, 다른 사람들이 깨닫지 못한 재미있는 유머를 발견할 수 있습니다.

2. '유머재료'의 서랍을 늘린다

평소 다양한 정보에 안테나를 세워, 자기 나름의 유머재료를 서랍에 담아갑시다.

3. 자신을 낮추는 재료를 몇 가지 가지고 있는다

자신을 낮추는 재료는, 유머 있는 회화 중에서도 다른 사람에게 상처 줄 염려가 없는 큰 이점이 있습니다.

이런 것을 의식하면서 평소 유머감각을 연마하여, '착한 사람'을 연기하지 않고도 사람들과 좋은 관계를 만들 수 있도록 목표를 정해 실천해 나갔으면 합니다.

'착한 사람'을 벗어난 후 자신의 가치를 어떻게 어필할 것인가?

'좋아요!'를 원하는 사람과 '착한 사람'의 공통점

'SNS의 '좋아요!' 숫자에 신경이 쓰여 늘 안정이 안 된다'

'SNS에서 불쾌한 코멘트를 받으면, 일시적으로 진정이 안 된다'

이처럼 최근에 'SNS 의존증'이라 할 수 있는 사람들이 늘어나고 있습니다.

현대인의 다수는 전철 등으로 이동 중에도, 업무와

휴식 중에도, 조금이라도 여가가 있으면 스마트폰을 조작합니다.

누구나 쉽게 SNS로 정보를 발신할 수 있고, '좋아요!' 등의 반응에 중독되어, 24시간 내내, 심지어 잠자는 시간도 아껴가며 스마트폰을 체크하고 일희일비합니다.

이것은 어떤 의미에서는 '착한 사람'의 사고회로에 근접해 있습니다.

다른 사람들의 평가를 원하기에 힘든 것을 감수하고, '좋아요!'를 원하기에 자신을 속이고….어떻게든 인정을 받고 싶어 하는 것입니다.

실제로 저도 SNS를 이용하고 있지만, 그 시스템 자체에는 문제가 없다고 생각하기에 무리해서 그만둘 필요는 없다고 생각합니다. 오히려 사용방식에 따라서는 자신의 세상을 넓혀주는 훌륭한 도구라 생각합니다. **또 좁은 지역사회에서 다른 사람의 표정을 살피고 있는 것보다는, SNS를 통해서 세상 사람들과 '관계유지'를**

하는 것도 좋다고 생각합니다. '착한 사람'으로 평가되려는 마음에서 빨리 벗어나고 세상 속에서 능동적으로 활동하여 진정한 의미의 '자기어필'을 해보는 것이 좋지 않을까요.

개인이 세상을 향해 정보를 발신하는 것이 용이해진 결과, 매스미디어의 영향력이 약화되고 개인의 영향력이 점점 증대하고 있는 것이 현실입니다. 기업이 광고하는 선전만이 아니라, 팔로우 수가 많은 영향력을 미치는 인스타그램과 유튜브에서도 개인의 영향력으로 상품이 팔리는 현상이 이루어지고 있습니다.

정보의 발신력을 높이고 자기 자신을 브랜드화할 수 있다면, 개인이라도 비약적인 발전을 이룰 수 있습니다. 즉, 변화에 잘 부합한 사람이 '스스로 만들어낸 스타(Hand Made Star)'가 되어 점점 출세하는 시대가 되었습니다.

'착한 사람'에서 벗어나 자신의 존재 가치를 드러내기 위해서는, 나만의 영역에만 머물지 말고 세상을 향해 자신을 어필해 갈 필요가 있습니다.

이것을 '**셀프 브랜딩**'이라고 합니다.

셀프 브랜딩은 '**자신을 브랜드화**'하는 것을 의미합니다만, 다른 사람들에게 나의 존재가치를 최상으로 인식하도록 추구하는 것으로도 해석합니다.

다른 사람에게 '궁극의 존재가치'가 되는 것. 이것을 다르게 표현하면, '누구와도 비교할 수 없는 선별된 존재'라는 뜻이 됩니다.

바로 '착한 사람'이 지향해야만 하는 방향이 아닐까요.

그럼 어떻게 하면 자신의 존재에 그런 '가치'를 부여할 것인가.

그것을 이제부터 알아보려 합니다.

요즘 다양한 셀프 브랜딩의 노하우라는 것을 보면, '어떻게 자신의 장점이 많게 보일까'라는 취지에만 주력한 나머지 본래의 목적에서 벗어나고 있는 경향이 있습니다. 특히 SNS를 보면 '좀처럼 예약이 어려운 식당에서 식사를 했다' '화제의 장소를, 제일 먼저 방문했

다' 등등, 자신 외에 가치가 있는 무엇인가에 집중하여
자신의 가치를 끌어올리려는 패턴뿐입니다.

진정한 의미의 셀프 브랜딩에서 중요한 것은, 그런
잔재주 같은 기술이 아닙니다. 이런 표면적인 방법에
만 주력하면, 오히려 당신의 가치를 낮추게 되므로 주
의할 필요가 있습니다.

그럼 셀프 브랜딩이 성공하기 위한 가장 중요한 포인
트는 무엇일까요.

**사회와 주변에 자신이 어떤 가치를 제공할 수 있는가,
또한 어떻게 공헌할 수 있는가를, 다른 사람의 평가에 매
달리지 않으면서 책임지고 발언하며 명확히 행동하는 것
입니다.**

'2단 로켓 방식'의 셀프 브랜딩

SNS에서 자기의 존재가치를 계속 일관성 있게 알리

는 데 효과 있는 비책을 소개합니다.

바로 '2단 로켓방식'입니다.

시사소재, 가정소재, 샐러리맨 소재, 심지어 철학적인 테마까지 폭넓게 취급하고 독자적인 개그로써 만화를 문학의 영역까지 승화시킨 만화가로 시리아가리 씨가 있습니다. 시리아가리 씨는 제가 개인적으로 활동하고 있는 TV프로그램에 출연하여 다음과 같은 말을 전해주었습니다.

"주목을 받고 싶다고 생각하는 동기는 무엇이라도 좋다. 그것은 첫 번째 로켓과 같은 것이다. 문제는 두 번째로서, 주목을 받은 후 실질적으로 내게 주목받을 만한 가치가 있는가를 증명하는 것이다."

여기에서 실질적인 것은, **어떻게 '나의 본질'을 활용할 것인가** 입니다.

요리가 좋아서 주목받고 싶다면, 평판이 좋은 요리점의 요리라든지 좀처럼 먹을 수 없는 식재료가 아니라, 실제로 자신이 만들고 싶은 요리를 만들어서 알리는 것도 좋은 방법입니다. 여행으로 주목받고 싶다면, 유명하고 특별한 장소가 아니라, 자신이 정말로 가고 싶은 곳을 가서 탐방했다는 것을 알립니다.

이러한 전달방식은 비교적 젊은 세대가 능숙하고, 유튜브 등의 영상발신 사이트에도 독특한 콘텐츠가 가득합니다. 저도 그들 못지않게 최근에 '저변 유튜버'라 칭하고 저의 본질을 독립적인 영상으로 매일 전달하고 있습니다.

이렇게 자신의 본질을 계속 전달한다면, 2단계 로켓이 잘 점화되어 당신의 셀프 브랜딩은 상승기류를 타게 될 것입니다.

'착한 사람'을 벗어나더라도
'버즈(BUZZ) 회로'로 인간관계는 깊어진다!

최근 가벼운 커뮤니케이션 도구로 트위터와 페이스북, 라인 및 인스타그램 등, 실로 다종다양한 SNS가 활용되고 있습니다.

이러한 SNS가 넓게 보급될 수 있었던 배경으로는, 실시간으로 정보 확인이 가능하고 교우관계가 넓어지며 기업의 상품 PR이 가능하다는 등 다양한 이유가 있습니다만, SNS에서의 인간관계를 뇌과학의 입장에서 분석해 보면 흥미로운 사실이 있습니다.

'이런 이야기는 누군가에게 전하고 싶다!'
'이 사진을 많은 사람들과 공유하고 싶다!'

우리들이 이렇게 생각할 때, 뇌 속에서 활발하게 움직이기 시작하는 회로가 있습니다. 바로 'BUZZ(버즈)회로'입니다.

본래 'BUZZ'는 '소문' '커뮤니케이션' '속닥거린다'라는 의미가 있는데, SNS에서 정보를 발신, 수집하면 뇌 속에서 '버즈회로'가 웅성거리며 활성화됩니다. **이렇게 개개인의 '버즈회로'가 SNS를 통해 교류하고, 다른 사람과 자신의 감성이 섞이면서 인간관계가 강화됩니다.**

'버즈회로'를 활성화하는 요소로서 크게 두 가지를 열거할 수 있습니다.

1. 자신이 감동한 에피소드

가령 애니메이션 영화를 보고 자신이 '감동했다!' 합시다.

'이 감동을 많은 사람들에게 전하고 싶다' 'SNS를 통해 누군가에게 전하고 싶다'고 곧바로 생각이 드는 것처럼, 누구에게나 자신을 표현할 때 기쁨이 생깁니다.

그럴 때 공감을 받으면 '버즈회로'가 활성화됩니다.

2. 나와 타인이 함께 감동하는 공감대

어떤 감동으로 자신의 뇌 속에 '버즈회로'가 활성화되고, 그 감동이 다른 사람에게 전달되어, 다른 사람의 '버즈회로'까지 활성화되면, 기쁨과 감동이 몇 배가 됩니다. 그때 서로 정신적인 연결 끈이 강해집니다.

'착한 사람'은 늘 다른 사람 위주로 생각하는 경향이 있어 자신의 감동을 능동적으로 타인과 공유하려는 의식이 낮습니다. 그러나 여러분이 감동한 것을 지속적으로 전달하면, 그중에서 여러분에게 찬동해 주는 사람, 즉 같은 '버즈회로'를 가진 사람이 반드시 나타날 것입니다.

당연한 것입니다만 여러분이 타인 위주의 전달에 일비일희하면 정신적 에너지가 고갈되어 SNS를 하는 의미도 없어집니다. 그러나 **자신이 경험한 감동의 공감대를 넓히고, 자발적인 전달을 계속하는 습관을 가지는 것은 양호한 인간관계를 위해서, 또 셀프 브랜딩을 위해서도 유익합니다.**

그것이야말로 개인이 사회에서 받는 건전한 '평가'라고 생각합니다.

'착한 사람'이 되지 않더라도
분위기가 나빠지지 않게 하는 방법이 있다

분위기를 읽기 위해 필요한 것은 'WIN WIN'의 관계성

업무는 물론 개인적으로도 중요한 스킬이 '분위기를 살피는 능력'입니다.

분위기를 읽는 행위는 그 자리의 분위기를 망치지 않고 인간관계를 원활하게 진행하기 위해 어느 정도 필요합니다. 그렇지만 한편으로, '착한 사람'은 분위기를 지나치게 살핍니다. 분위기를 지나치게 읽으려 하는 '착한 사람'은 신경 쓰는 것이 너무 많아 늘 주위를 살피고, 때로는 자신을 혹사시키기도 하여 금방 스트레스가 쌓입니다.

그렇다면 스트레스가 필요 이상 쌓이지 않도록, '분위기'를 읽지 않는 것이 좋은 것일까요.

여기에 조언이 있습니다. 공연히 '분위기'를 부정하지 말고, 적절하게 행동하며 생활하는 습관을 가져 즐겁게 살아가라는 것입니다.

'분위기를 살핀다'는 것은 어떤 것일까요. 솔직히 일본 특유의 문화라는 느낌이 있습니다만, 실은 동서양을 막론하고 존재합니다.

여기에서 '분위기를 살핀다'라는 감각이, 서양과 일본의 경우 어떤 차이점이 있는지 분석해 봅시다.

일본인들은 자신의 주장을 상대에게 명확한 단어로 전달하고 감정을 표현하는 것을 '분위기를 깨는 것'으로 생각하여 좀처럼 입 밖에 내지 않습니다. 상대의 요구와 생각을 전제로 커뮤니케이션을 해야 한다는 '촌탁문화(忖度文化, 상대의 마음을 미루어 헤아려 말하는 것)' 때문입니다.

이에 반해 서양 사람들은, 원래 이민족과의 커뮤니

케이션이 깊었던 역사가 있고, 명확한 자신의 기준을 가지고 행동해서 어떤 경우든지 필요한 것을 분명한 언어로 전달하지 않으면 서로 이해하지 못한다는 인식을 가지고 있습니다. 말하자면 '자기주장의 문화'입니다.

동서양의 커뮤니케이션의 전제는 이렇게 '다른 사람 중심이 당연한 분위기' '자기중심이 당연한 분위기'라는 차이점이 있습니다.

'분위기를 살핀다'는 행위를 할 때 뇌가 어떤 식으로 움직이는지 들여다보면, 뇌의 안와전두피질(眼窩前頭皮質), 즉 문맥을 읽는 회로가 작동함을 알 수 있습니다.

거기에 일본인과 서양인의 차이는 없습니다. 쌍방 모두 '분위기를 살핀다'는 생각까지는 동일합니다. 다른 점은 집단에 형성되어 있는 분위기를 읽은 뒤 행동은 어떻게 할 것인가입니다.

일본과 달리 서양에서 '분위기를 살필 때'는, 모두의 의견에 무조건적으로 동의하지 않고, 자신의 의견을 주장하는 것이 당연하다는 전제가 기본이고, 때로는 토론으로 씨름하면서 이해와 신뢰를 쌓아갑니다.

일본인도 서양인도 장소의 '분위기'를 너무 읽어 자신의 의사와 감정을 억누르기만 하면 피로감으로 스트레스가 쌓이게 됩니다. 그리고 그것이 어느 사이 울적한 분노가 되어, 갑자기 폭발하거나 우울한 감정을 유발하기도 하는 것입니다.

그렇게 되지 않으려면,

스스로 분위기를 읽는다 → 주위를 위하여 행동한다 → 상대도 나의 분위기를 읽는다 → 상대가 나를 위하여 행동해 준다라는 선순환적인 사이클이 계속 돌아가고 있는지 확인해 보아야 합니다.

분위기를 살피기 위해서 필요한 것은 이처럼 그 장소에 있는 사람들이 서로 간에 WIN WIN의 관계성을 가지고 있는가 하는 것입니다.

이러한 사이클을 취하고 있다면, '착한 사람'을 벗어나 서로를 배려하는 커뮤니케이션이 성립합니다. 그리고 분위기를 살피느라 피곤해지고, 자신만 손해를 보는 일이 없어집니다.

'예스맨'을 벗어나는 'YES, AND' 회화술

당신은 알게 모르게 '예스맨'이 되어있지 않습니까?

'예스맨'은 회사라 하면 상사와 같이 자신보다 위의 직책인 사람, 스포츠의 세계라면 감독과 코치, 선배와 같은 윗사람 등의 지시와 부탁에 거절을 못 하는 사람을 의미합니다. 늘 다른 사람들의 의견을 기다리며, 스스로 반대의견은 말하지 않는 '착한 사람'도 이 '예스맨'의 범주에 있습니다.

'예스맨'으로 굳어진 사람과 조직은, 단기적으로는 존재감이 있을지 모르지만 장기적으로는 발전하기 어렵습니다. 그러한 조류는 고도 성장기와 같은 대량생산 시대에서는 그나마 잘 흘러갔습니다. 그러나 현대와 같이 전체주의 가치관을 가진 기업이 도산하거나 쇠퇴해 가는 시대에 뭐든지 '힘 있는 강자와 싸움 없이 타협하는 처세술'로 일관하는 것은 통하지 않습니다. 상사의 지시와 일처리 방식에 무조건 복종하는 '착한 사람'이 되어 모든 것을 '예스'라고 한 결과, 과중한 업무에 시달리고 큰 실수를 범하여 결국 스트레스를 받게 됩니다.

그리고 가장 중요한 것은, **'예스맨'은 맘대로 부려도 좋기에 감사는 받더라도 존경은 받을 수 없다는 것**입니다. 자신의 의견을 말할 수 없는 사람은, 의사결정을 맡길 수 있는 인재가 되기 어렵습니다.

그럼 '예스맨'을 벗어나 분명하고 독자적인 의견을 상대에게 전달하기 위해서는, 어떻게 하면 좋을까요.

저는 이럴 때 NHK 방송 프로그램 '스탠포드 백열교실'의 그룹 토론에서 티나 시리크 교수가 이용한 방법을 추천합니다.

정해진 주제에 두 명이 한 조로 자유롭게 의견을 교환하고, 그중 한 명이 먼저 발언한 후에, 다음의 발언자가 말을 합니다. 이때 'BUT(그러나)~'으로 시작하면서 앞의 의견을 부정하는 것이 아니라, 'YES, AND~(과연 그렇네요. 저는 그것에 더하여 ~~도 좋다고 생각합니다)'라고 발언하는 것입니다.

자신의 의견을 강하게 주장하는 것이 '분위기를 읽는 방식'인 서양 사람일지라도, 의견이 이유 없이 무시당하면 기분이 좋을 리 없습니다. 그래서 학생들은 **긍정적인 표현을 사용하여 상대의 의견에 덧붙인 형태로 자신의 독자적인 생각을 표명하는** 세련된 방법을 사용합니다.

우리들의 일상이나, 회의에서도 '그렇지만요' '하지만요' '그러나' 등의 부정어를 즐겨 사용하는 사람들이 있습니다만, 사람은 누구나 반론을 받는 것을 그다지 좋아하지 않습니다.

사람의 의견에, 맞다 틀리다는 법칙은 없습니다. 그러므로 이처럼 먼저 상대의 의견을 긍정한 후, 자신의 의견을 서술해 보면 불필요한 논쟁과 오해는 없을 것입니다.

상사와 의견이 일치하지 않을 때, 건설적으로 일을 진행하고 싶을 때, 이 세련된 화법은 효과를 발휘할 것입니다.

'마인드풀니스(MINDFULNESS)'로서 인간관계를 받아들인다!

마지막으로 소중한 비책을 하나 알려드립니다.

'마인드풀니스(MINDFULNESS)'라는 방법이 있습니다.

길게 설명하지 않아도 한 번 정도는 마인드풀니스라는 말을 들어보셨을 것입니다.

마인드풀니스를 직역하면, '마음이 가득 찬 상태'입니다. 심리학적인 용어로 '지금, 여기에서 일어나고 있는 것을 보고, 객관적으로 받아들이는 것' '자신의 감정과 사고로 판단하지 않고 관찰하는 마음의 상태'라고 해석됩니다. 숨을 쉬고, 걷고, 한 잔의 차를 마시는 등, 일상의 평범함 속에도 마인드풀(MINDFUL)의 순간이 내재

되어 있습니다.

마인드풀니스는 창조성을 발휘하기 위한 최적의 마인드 트레이닝으로서, 지적생산력을 중시하는 구글 등 미국의 IT기업에서도 활용하고 있는 것으로 주목받고 있습니다. 이 마인드풀니스에 의해 얻어지는 효과 중 하나로 인간관계에서의 커뮤니케이션 개선이 있습니다.

저는 인간관계에 있어서 마인드풀니스는 무척 중요하다고 생각합니다. 왜냐하면 **'지금, 여기'에 집중했을 때, 자신의 감정과 마음의 소리를 느낄 수 있으며, 뇌리에서 자연스럽게 관리 및 보수가 지속적으로 이루어져 마음과 머리 및 몸이 리프레쉬, 즉 재충전될 수 있다**는 것을 알기 때문입니다.

'지금, 여기'에서 일어나는 인간관계를 받아들여 놓치지 않고 제대로 파악하는 것은 의외로 어려울 수 있습니다. '지금, 여기'에서 일어나고 있는 것에는, 주위의 환경과, 자기 자신의 기분은 물론 마주 보고 있는 상대의 감정도 포함됩니다. 눈앞에 있는 인간관계를 가능한 한 객관적으로 해석하는 것이 중요한데, 자칫하면 감정에 흔들려서 많은 경우 하지 못하기도 합니다. 다양한 믿음과 고정관념이 편견을 만들고, 모처럼 받아들인 정보도 빠트려, 잘못된 평가를 하게 됩니다.

그럼, 어떻게 하면 마인드풀니스를 내 것으로 만들 수 있을까요.

인간관계에 있어서 마인드풀니스의 가장 중요한 점은 **섣불리 다른 사람의 가치와 내면을 판단하거나, 단정짓지 않는 것**입니다.

좋다, 나쁘다, 맞다, 틀리다라는 판단과는 관계없이, 어쨌든 있는 그대로의 현상을 파악함으로 인간관계에 필요한 정보를 정확하게 알 수 있습니다.

하나의 사례를 들어보겠습니다.

예를 들어, 당신이 상사에게 식사를 초대받았다고 합시다.

그런데 당신은 아직 마무리해야 할 업무가 있어서 상

사의 초대를 거절하기로 하였습니다. 그때 상사가 불쾌한 얼굴을 하면 '왜 화가 난 것일까' 하고 객관적으로 이해하려는 자세가 중요합니다. 자신의 초대를 거절한 부하에게 자존심이 상했다고 생각할 수 있지만, 아마 같이 식사를 할 수 없게 되어 허전한 마음이었을지도 모릅니다.

이렇게 평소 눈앞의 사건을 객관적으로 음미하는 습관을 가지면, 편견과 오해를 배제한 현상 자체를 파악할 수 있게 됩니다. 또한 마음의 여유를 가지고 상사를 대할 수 있습니다.

예를 들어 "부장님께서 주신 일은 더 조사해 봐야 할 것이 있기에 죄송하지만 끝나는 대로 가져가겠습니다." 등 상대의 기분에도 침착하게 대응할 수 있게 됩니다.

상사의 감정표현에 대하여 '어쩔 수 없잖아!'라고 생각하든지, '무섭다'고 평가하기 전에, 먼저 상사의 감정을 있는 그대로 받아들여 보세요. 이렇게 마인드풀니스의 관점에서 자신의 인간관계를 냉정하게 바라보면, 사람들과의 교제가 훨씬 더 쉬워질 것입니다.

CHAPTER3 정리

· ·

- 사람의 뇌는 세밀한 지시를 보내면 보낼수록 사고 정지에 함몰되어 버린다!

- '재치 있는 엉뚱한 행동'으로 '자발적인 뇌' 사용방법을 습득해 가자.

- '이해력'을 가지고 있으면 '착한 사람'으로 행동하지 않더라도 사람들과 편히 교제할 수 있다.

- 좁은 지역사회에서 타인의 눈치를 살피는 것보다, '셀프 브랜딩'으로 세상을 향하여 존재 가치를 발산하자.

- 자신을 발산함으로 '버즈회로'를 활성화하고, 인간 관계를 깊이 있게 하자.

- '예스맨'을 벗어나고, 'YES, AND'로써 상대를 긍정적으로 대하고, 능숙하게 자신의 의견을 피력하자.

여러분을 소중히 생각해 주고 늘 신경 써주는 사람
그리고 여러분 스스로도 소중하다고 생각하는 사람
그런 인간관계에 에너지가 향해야 합니다.

CHAPTER 4

'착한 사람'을 벗어나서, 훨씬 더 자유롭게 살아가자!

1. '착한 사람'의 부담감에서 해방되는 마인드 체인지를 위한 조언

2. '착한 사람'에서 벗어나 삶을 더 풍요롭게 하는 방법은?

3. 개성을 가지고 생활하면 '착한 사람'이 가지고 있는
   공허함에서 벗어날 수 있다

'착한 사람'의 부담감에서 해방되는
마인드 체인지를 위한 조언

다른 사람은 여러분이 생각하는 만큼, 당신을 생각하지 않는다!

'착한 사람'일수록 자의식이 강하고, 다른 사람 모두가 자신을 부정적으로 생각하고 있지 않나 하는 부담감을 가지고 있습니다. 그것으로 인해, 다른 사람이 자신에 대해 아무런 생각이 없음에도 불구하고 상대에 맞추는 태도를 취하고 나중에 후회하기도 합니다.

이 혼자만의 씨름을 그만두고 즐겁게 사는 방법은 없을까요.

잠깐 생각해 봅시다.

텔레비전 와이드쇼 등에서도 자주 거론되어 거실을 시끄럽게 하는 연예인 스캔들을 예를 들어 말해보도록 하겠습니다.

최근에는 시청자들의 반응과 평가가 상당히 엄격해져, 시청자가 마치 재판관처럼 연예인들에게 '판결'을 내리는 풍조도 생겨나고 있습니다. 그런 까닭에 스캔들을 일으킨 연예인들의 기자회견을 보고 있으면, 예외 없이 "모든 분들에게 폐를 끼쳐드려 죄송했습니다"라고 사죄하는 모습이 눈에 띕니다.

그렇지만 뇌과학적으로 분석해 보면, 인간은 자신에게 가까운 세계에 있는 것에는 강한 비판과 저항감을 가지는 반면, 전혀 다른 세계의 것에 대해서는 관용으로 대한다는 것을 알 수 있습니다.

즉, 자신의 존재의식과 가치관에 영향이 없는 한, 뇌는 흥미를 가지지 않습니다.

자신 있게 말하자면 '연예인은 나와는 다른 세계의 사람이니까'라고 생각하는 시청자가 대다수로, 일부 사람들만을 제외하면 연예인 본인이 생각하는 만큼 과잉반응을 하지 않는다는 것입니다.

여러분이 이해하기 쉽도록 연예인 스캔들을 예로 들었습니다만 이것은 연예인에게만 한정된 것은 아닙니다.

누구든 자신과 관계있는 사람이 나를 어떻게 생각하고 있는가는 적잖게 신경이 쓰입니다. 이럴 때 자의식이 강한 사람은, 사건의 원인을 자기에게서 찾고 점점 더 부정적인 방향으로 생각해 가는 경향이 있습니다. 예를 들어 당신이 직장에서 동료와 마주쳤을 때 어떤 인사도 받지 못했다고 합시다. 그 사람은 무엇을 생각하느라 눈치채지 못하고 우연히 지나쳤을 뿐일 수도 있습니다. 그렇지만 자의식이 강한 사람은 '분명히 얘기하고 싶지 않아서, 신경 끄고 지나갔어'라고 생각합니다.

이런 자의식의 과잉적인 사고방식을 심리학에서 '**자기표적의 편견(自己標的의 偏見)**'이라고 합니다.

자기표적의 편견이 강한 사람은, 인간관계에 있어서도 불안과 걱정거리가 많아 부정적 생각을 가지기 쉬운 특징이 있습니다.

'주위에서 이상하게 보지 않을까?' '나는 저 사람에게 미움받고 있지 않을까?' 하며 주위를 너무 의식하는 '착한 사람'은 피해망상에 빠질 가능성이 있으므로 주의가 필요합니다. 도가 지나치면 '나쁜 소문의 대상은, 모두 나 자신이구나…'라는 생각에 빠져 역시 피해 망상의 영역으로 들어갈 가능성이 있습니다.

그럴 때 마음속으로 외쳐야 할 금언(金言: 소중한 말)이 있습니다.

"다른 사람들은 내가 생각하는 만큼 나를 생각하지 않는다."

사람이 사회적인 동물인 이상 무의식적으로도 타인과의 관계가 형성되어 있는 것은 확실합니다만, 실상에서는 특정의 누군가에 관하여 늘 생각하지 않습니다. 가령, 어느 장소에서 생각했던 것이 있었더라도 어느새 잊어버립니다. 성격과 인간성이 좋고 나쁨에 관계

없이 여러분의 인생에 큰 영향을 주지 않는 상대가 있다면, 그 역시도 여러분에 대해 똑같은 관점을 가지고 있을 것입니다. 이렇게 관점을 바꾸는 것만으로도 상당히 편안해질 수 있습니다.

반면에 여러분이 관심을 가지지 않는 곳에서 여러분을 제대로 생각해 주는 사람이 있을 것입니다. **여러분을 소중히 생각해 주고, 늘 신경을 써주는 사람. 그리고 여러분 스스로도 소중하다고 생각하는 사람.** 그런 인간관계야말로 여러분의 에너지가 향해야 하는 곳이라고 생각합니다.

인간관계의 지속을 위하여 '상대의 체면을 세워줘라'

인간관계가 막혔을 때는 어떻게 하는가. 이번에는, 순조롭게 인간관계를 영위하기 위한 몇 가지의 조언을 소개합니다.

'지금까지 문제없이 지속되었던 인간관계가 갑자기 망가져 버렸다….'

'생각하는 방식의 차이 때문에 틀어지게 되었다….'

'미묘한 감정의 충돌로, 결렬되어 버렸다….'

그런 체험을 한 사람이 적지 않으리라 생각합니다.

환경의 변화와 의견의 엇갈림, 혹은 상대의 반감과 질투가 원인이 되어 지금까지 잘 지냈던 인간관계가 싸우는 사이가 되기도 합니다.

인간관계에 있어서 가장 중요한 일이자 가장 어려운 것이 바로 인간관계를 지속시키는 것이라고 생각합니다.

예를 들어 상대방에게 여러분이 필요한 사람이라면 관계가 지속되겠지요. 그러기 위해서는 서로 간 메리트를 주고받는 것이 이상적입니다. 어느 쪽이든지 받기만 하는 것이 아니라 무엇을 받게 되면 상대에게도 무엇인가를 해주는 것이 여러분과 다른 사람과의 이해관계를 일치시켜 관계를 원활하게 지속시킬 수 있는 비결입니다.

이해관계의 일치라고 하면 쌍방이 이익만 추구하는 딱딱한 이미지를 가지게 될지 모르겠지만, 하지만 인간관계에 있어서 이해관계의 일치는 중요한 것입니다. 이해관계가 일치하지 않으면 어느 한쪽은 힘들게 관계 유지를 해야 하기에, 건실한 관계라고 할 수 없습니다. 서로 상대에게 메리트를 제공하고, 상호 이익이 있음을 납득한다면, 가령 생각의 차이가 있거나 주어진 환경이 변하더라도 관계를 지속할 가능성이 높아지는 것입니다.

그럼, 서로 메리트를 주고받는 관계는 어떻게 만들어 가면 좋을까요.

'상대에게 미움받지 않게 행동한다'
'상대의 부탁을 거절하지 않는다'

이런 사고방식은 상대에게 메리트를 제공하고 있는 것이 아닙니다. 상대에게만 좋은, 전형적인 '착한 사람'의 모습입니다.

상대와 좋은 인간관계가 되는 때는 상호 존중하고 있을 때입니다. **어느 한쪽이 존중하고 있는 것이 아니라 '서로 존중하는' 관계로 있는 것이 중요합니다.**

그러므로 저의 제안은, '상대의 체면을 세워주라'는 것입니다.

이는 비즈니스의 현장뿐만 아니라 개인적인 인간관계 구축에도 대단히 중요합니다.

예를 들어 직장 동료와 대화를 하고 있는데 상대방이 사회인으로서 당연히 알고 있어야만 하는 상식을 몰랐다고 합시다. 당신이 이 부분을 정면으로 지적하는 것은 상대도 원하는 것이 아닐 것입니다.

"응, 무엇이었지?" 등, 자신도 잊어버린 것처럼 해보는 것도 하나의 중요한 대안입니다. 상대의 체면을 세워주는 것으로, 서로 기분 좋은 커뮤니케이션을 취할 수 있으며 상대의 존중을 얻을 수 있습니다.

반대의 경우를 생각해 보더라도 쉽게 이해할 수 있습니다.

여러분도 지금까지 누군가가 체면을 세워준 경험이

한 번쯤은 있을 것입니다.

그때 기분이 어떠셨나요?

분명 안심한 기분, 고마운 기분이었을 것입니다. 그러한 느낌은 여러분만이 가지는 것이 아닙니다. 무엇이든 제멋대로 받아들이는 '착한 사람'을 교류할 가치가 있는 사람이라 할 수는 없습니다. 이러한 배려를 주고받는 관계를 구축하는 것이 오래 지속하는 관계의 초석이 될 것입니다.

부탁에 대한 '적당함'의 중요성

주변에서 '착한 사람'으로 인정되는 사람은 대개 상냥하다는 특징이 있습니다. 곤경에 처한 사람을 버려두지 않고, 잘 돌보아 주는 착한 타입이 대부분입니다.

누구든 업무나 개인적인 부탁을 받는 경우가 있습니다. 그것이 '자신만이 할 수 있는 일이라면' 보람을 느낄 것입니다. 그렇지만 그런 부탁을 모두 승낙하여 '착한 사람'이 된다면, 정말 괜찮은 것일까요.

부탁을 받아주는 사람을 찾는 것은 상당한 노력이 필요합니다. 그렇기에 상대로부터 부탁받은 것을 무엇이든 들어주는 사람은 귀중한 존재입니다. 그러나 부탁만 들어주다 보면 정작 자신이 해야 할 일은 못 하게 됩니다.

수락한 이상 안 된다 할 수도 없고, 이러지도 저러지도 못하게 되어, 결국 부탁받은 것을 완성하지 못하고 어려운 상황을 맞이하게 됩니다.

따라서 제가 제안하고 싶은 것은 '착한 사람'에서 벗어나기 위해 "요령 있는 적당함"을 가지라는 것입니다.

'적당함'이라 하면 부정적으로 들릴 수 있지만, 전혀 그렇지 않습니다. **현명한 사람일수록 실은 '적당함'에 능숙하다는 것**을 알고 있는지요.

이런 사례가 있습니다.

츠지 그룹학교의 전신인 츠지 조리학교의 창시자이며, 일본 프랑스 요리의 선구자라고 불리는 츠지 시즈를 모델로 한 작품『아름다운 맛의 예찬(美味礼讃) (에비사와 저)』
에 무척 인상적인 에피소드가 있어서 이를 소개합니다.

정통 프랑스 요리의 맛을 배우고 요리를 가르치기 위해,
츠지는 부인과 함께 프랑스에 가서 일류요리를 찾아다
녔습니다. 그리고 정통요리의 맛을 공부하고 일본으로
돌아왔습니다.

그러나 정통 프랑스 요리를 최고의 재료로 만들면 너
무 비싼 요리가 되기에, 많은 대중들에게 어필할 수 없
으므로 이를 배운 제자들의 레스토랑 경영이 순조로울
수 없을 것입니다.

그래서 츠지는 먼저 제자들에게 최고 재료로 만든 정
통요리의 맛을 교육시키고, '적당'한 요리방법을 가르
쳤습니다.

예를 들어, '포드보'는 프랑스요리의 기본으로 송아
지의 고기와 뼈에서 우려내는 수프(soup)입니다. 그는
고기와 뼈의 배합을 바꾸어 뼈의 양은 늘리고 고기 양
은 줄이면서 화학조미료를 첨가하였습니다.

식당의 입지 조건과 고객층을 생각해서 거기에 맞는 가격을 위해 '적절하고 요령 있게' 요리를 가르쳤던 것입니다.

이른바 '올바른 적당함'을 추구하기 위해서는, 우선 정통의 맛을 알고 있어야 합니다. 츠지는 먼저 제자들에게 고액 재료를 사용한 정통의 맛을 가르침으로써 '올바른 적당함'의 방법을 적용할 수 있도록 하였습니다.

이렇게 다양한 연구를 거듭하여 그는 레스토랑 경영에 필수인 '이익을 내는 방법'을 가르쳐준 것입니다.

그러므로 여러분도 부탁을 받을 때 너무 심각하게 생각하지 말고 적절한 정도로 수행하는 여유를 가져보세요.

틀림없이, 지금까지 안고 있던 스트레스에서 해방될 것입니다.

'착한 사람'에서 벗어나 삶을 더 풍요롭게 하는 방법은?

'고독한 시간'과 '교류의 시간'

사람은 혼자서는 살아갈 수 없습니다. 우리들은 많은 사람들과 의지하고 의지받는 관계 속에서 정신 및 육체적으로 충실한 생활을 보내고 있습니다. 하지만 '삶에 고독이 있어서는 안 된다' '집단에서 벗어나 소외감을 맛보고 싶지 않다' 등등, 최근에는 고독에 일종의 압박감을 느끼고 무리하게 교류하려는 사람들이 늘어나고 있습니다.

'착한 사람'의 마음 기저에 깔려있는 것은 이러한 고

독의 두려움에서 생겨난 '불안'이 아닐까요.

이런 가설을 세우고, 어느 날 저의 생활시간대를 분석해 보았습니다.

그러자 업무상 다양한 사람과 교류하고 있음에도 불구하고 의외로 사람과 접촉하지 않는 나만의 '외로운 시간'이 많다는 것을 알게 되었습니다.

먼저 잠자고 있을 때. 이것은 가장 '고독한 시간'이라 말할 수 있습니다. 또 샤워할 때, 목욕탕에 들어가 있을 때, 화장실에 들어가 있을 때도 그렇습니다. 또한 조깅을 하거나 업무 이동 중일 때….

종합해 보면 하루 중 사람과 대화하는 일 없는 혼자만의 '고독한 시간'이 상당히 많았습니다. 저 또한 그런 시간을 나름대로 즐기고 있었습니다.

그럼 왜, 현대의 많은 사람들은 고독을 두려워하고 '착한 사람'이 되려는 것일까요.

그러한 생각 중에 저는 어떤 깨달음에 이르게 되었습니다.

'착한 사람'은 사실 고독을 두려워하고 있는 것이 아니라, '교류시간'을 원하고 있는 것이 아닐까 하는 것입니다.

따라서 '착한 사람'에서 벗어나기 위해서는, 먼저 '교류시간'을 충실하게 갖는 습관이 중요하다고 생각합니다.

'교류시간'은 이름 그대로 자신의 인간관계에 있어서 양과 질이 충실한 커뮤니케이션이 실현되는 시간입니다. 추측컨대 많은 사람들은 '교류시간'을 매일 똑같은 사람들과만 가지는 것은 아닐 것입니다. 회사와 학교, 혹은 가정과 연인, 친구들과의 관계 등, 어느 정도 범위를 정해놓고 교류를 하고 있지 않을까 생각합니다. 그 관계를 유지하기 위해 '교류시간'이 필요한 것입니다.

그런데 여기서 주의해야 하는 것이 있습니다. 뇌과학적인 견지에서 보면, '교류시간'을 충분히 가지기 위해서는 그와 상응하는 정도의 충분한 '고독한 시간'이 있어야 합니다.

인간은 자신만의 고독한 시간에 타인과의 커뮤니케이

션에서 얻은 정보와 감각을 뇌 속에서 정리할 필요가 있기 때문입니다. 그러기 위해서 사람과의 교류 없이 머리를 쉬게 하고, 자신과 편하게 마주할 시간이 중요한 것입니다.

이런 '고독한 시간'을 충실히 하기 위해 가지는 '교류시간'에 사람들과 접촉해 보면, 불필요하게 고독감이 강한 사람이 상당히 있습니다.

예를 들면, 어느 파티에 간다고 합시다. 몇 십 명 혹은 몇 백 명이라는 사람이 있는데도 불구하고 누구에게도 말을 걸지 못하고 '벽의 꽃'이 되어있는 사람이 있습니다. 그런 사람들은 주위 사람들과의 '교류시간'에 과도한 기대를 가졌던 사람들이라고 말할 수 있습니다.

그 결과 상대와의 거리감을 좁히지 못하고, 대면한 사람을 잡고 놓아주지 않으며, 얘기에 빠져 질려버리게 하기도 합니다. 그래서 결과적으로 고독한 상태로 되돌아가 버립니다.

실은 저 자신도 젊었을 때 자신을 알고 싶고 생각하

고 있는 것을 이야기하고 싶다는 기분이 넘쳐나 끊임 없이 사람과의 교류를 추구하였습니다.

그러나 노력에 비해 주어지는 경험이 적었고, 기대 감이 지나친 면도 있었지만 사람과의 만남은 어느 부분 의미 없이 끝나는 경우도 많다는 것을 배웠습니다.

따라서 저도 실천하고 있는 것입니다만, 모임에 나갈 땐 오히려 '오늘 파티에서는 누구와도 만나지 않아도 좋다'는 체념에 가까운 기분을 가지고 나가는 것이 좋습니다.

사람과의 교류에 과도한 기대를 하지 않는 것이 오히려 자기 긍정감을 높이고 인간관계를 구축할 때 강한 자신감이 생겨나게 합니다.

인간관계를 양호하게 하는 '홈워크'

'착한 사람'에서 벗어나기 위해서는 과도한 기대를 가지지 않고 인간관계에 임해야 합니다. 바꾸어 말하면, '이 시간 이 공간에서 할 수 있는 것은 한정되어 있다'는 체념에 가까운 느낌을 가지고 시작하는 것이 중요하다고 서술하였습니다. 그렇지만 이는 사람과의 만남을 소홀히 해도 좋다는 뜻은 아닙니다. 과도한 기대를 하지 않고, '혹시 나와 느낌이 맞는 사람과 만난다면 큰 행운'이라는 정도의 마음가짐이 이상적이라고 할 수 있습니다.

적절하고 양호한 인간관계를 구축하기 위해 제가 평상시 유의하고 있는 것은, 상호관계에서 컨트롤이 가능한 것과 컨트롤할 수 없는 것을 구별하자는 것입니다. **말하자면 자신의 노력에 따라서 사태를 호전시킬 수 있다면 최선을 다하고, 어떤 노력을 하더라도 스스로 통제할 수 없는 것은 포기하는 것이 좋다는** 사고방식입니다. 이렇게 구분을 한다면 '착한 사람'으로 행동할 필요가 없어집니다.

인간관계 구분의 좋은 예가 연애입니다.

예를 들어, 여러분에게 새로운 만남이 있다고 합시다.

그 사람이 매력적이어서 여러분이 그 사람을 좋아한다 해도, 상대가 여러분을 좋다고 해줘야 서로 관계가 이루어지게 됩니다.

상대가 여러분을 좋아해 주면 행운이지만, 그렇지 않으면 체념할 수밖에 없습니다. 연애에 있어서 내가 노력하면 상대도 좋아해 줄 것이라고 생각하는 것은 단순한 희망이며, '상대도 자신을 좋아하는 것이 틀림없다'는 생각에 빠지면 스토커가 되는 첫걸음이 될 수 있습니다.

또 일이 끝나고 회식 중 "부장이 무리한 방식으로 밀어붙이지 말아주었으면" 하고 푸념하고 있는 샐러리맨을 봅시다. 상사의 방식을 어떤 식으로 불평해 봐도, 그것은 스스로 컨트롤할 수 있는 것이 아니기에 유감스럽지만 포기하는 것이 좋습니다.

이처럼, **컨트롤을 할 수 없는 인간관계를 억지로 컨트롤하려고 하니 스트레스가 발생합니다.**

그럼 인간관계에 있어서 스스로 컨트롤할 수 있는 것, 덧붙이면, 노력할 수 있는 것은 도대체 무엇일까요.

제가 제안하고 싶은 것은 '**인간관계의 홈워크**(Homework)'입니다.

사람을 만나 양호한 인간관계를 만들기 위해서, 그 사람의 프로필을 대략 조사하는 것은 물론, 어떤 삶을 살고 있고, 지금은 무엇에 흥미를 가지고 있는가 등을 가능한 한 깊게 알아두는 것입니다.

예를 들어 패션업계의 사람과 만난다고 칩시다. 업계에 대한 정보와 그 사람의 업무를 간략하게 조사하는 것은 당연합니다만, 가능하다면 영향을 받았던 패션 디자이너는 어떤 사람인지까지 조사를 해두면 좋습니다.

이러한 홈워크를 완벽하게 해두면 두려움 없이 자신감을 가지고 사람을 만날 수 있고, 서로 간의 관계도 보다 양호하게 만들 수 있습니다. 이런 것이 노력으로 가능하지 않나요?

매일 많은 학생들로부터 "모기 선생님과 만나서 얘

기하고 싶습니다"라는 요청이 있습니다만, 제가 만나보고 싶은 학생은 저의 연구와 활동을 명확히 홈워크하여 이해하고 있는 학생입니다.

이처럼 **관계에 있어서 흥미가 있는 상대의 상황을 조사하고, 관련지식을 알아두게 되면, 상대를 만났을 때 일부러 어필하지 않아도 자신감이 표정으로 나타납니다.** 그러면 두려움 없이 이야기할 수 있고, 상대도 여러분과의 대화를 통해 여러분이 자세히 조사해 보았다는 것을 느끼고 호감을 가지게 됩니다.

이런 노력은 상대를 위한 것이 아니라 여러분 자신의 '재산'을 늘려주는 행위입니다. 상대에 관하여 열심히 조사한 정보는 여러분의 두뇌에 축적되어 다른 상대를 대할 때도 효과를 발휘하게 됩니다. 이것을 반복하면, 어떤 사람을 만나도 자신 있게 가까이 다가갈 수 있습니다. 실제로 저는 제가 담당하고 있는 라디오 프로그램의 게스트에 관하여 매회 가능한 한 홈워크를 해둔 덕분에 지금까지 다양한 업계에서 활약하고 있는 사람들과 교류하고 있습니다.

뇌를 승급(VERSION UP) 시키는 인간관계의 '식탁 뒤엎기'

'직장의 동료나 마음이 맞는 동료와 마시는 것이 편하다'

'새삼스럽게 인맥 따윈 넓히지 않는다'

여러분이 이런 생각을 가지고 있다면, '착한 사람'이 되기 일보직전, 황색신호가 점멸하고 있는 상태라 할 수 있습니다.

협소한 커뮤니티에 갇혀서 동일한 사람들과만 교류하고, 그 사람들과의 관계유지에 일희일비하는 '착한 사람'이 되는 그런 생각은 가지지 않도록 해야 합니다.

물론 마음이 맞는 동료와 밀접하게 교류하는 것이 나쁠 이유는 없습니다. 그러나, 우리들의 뇌는 새로운 만남의 자극이 필요합니다.

늘 동일한 사람하고만 교류하고 있으면 뇌는 활성화될 수 없습니다.

인간관계를 얘기할 때 '**상대는 자신을 비추는 거울**'이라는 말을 자주 듣습니다.

뇌의 전두엽에 있는 신경세포, 미러뉴런은 바로 이 거울과 같은 것으로, 늘 동일한 사람과 교류하고 있으면 같은 사람의 같은 행동만 비춰져 어떤 성장도 하지 않습니다. 그러나 새로운 만남은, 두뇌로 하여금 초면인 상대의 정보를 탐욕스럽게 수집하는 데 몰두하게 합니다. 물론 그중에는 좋은 정보, 나쁜 정보도 있겠지만, 각각의 자극으로 뇌는 버전 업(Version Up)을 이루어 나갈 수 있게 됩니다.

새로운 만남 이외에도 뇌의 버전 업 찬스를 만들어내는 것이 가능합니다.

자신이 경직된 인간관계에 있다고 생각하고 있는 분에게 사용해 보길 권하는 자극책으로, 정기적으로 **인간관계의 '식탁 뒤엎기**'를 해보라는 것입니다.

'식탁 뒤엎기'라고 하면 많은 사람들이 떠올리는 장면은, 완고한 아버지가 화가 나서 가족 모두가 식사하는 밥상을 "에이!" 하고 뒤엎는 광경은 아닐는지요.

저는 여러분에게 그런 '폭군'이 되길 바라는 것은 아닙니다. 인간관계에 걸쳐 '식탁 뒤엎기'를 해서, 주위로부터 '착한 사람' '무난한 사람'이라고 생각되는 기대를 좋은 의미에서 끊어내는 것도 때로는 필요합니다.

예를 들어 회의에서, 평상시라면 "저도 그렇게 생각합니다."라고 주위에 맞는 의견밖에 말하지 않았다면 한번 확 바꾸어 봅시다.

"그것은 정말 의미가 있는 것인가"라고 이야기의 전제에 의문을 던져, 종래와는 다른 '새로운 방법'을 제안해 보는 것입니다.

전향적인 제안을 하고자 한다면, 누구도 당신을 부정적으로 생각하는 사람은 없을 것입니다.

모두에게 의미 있는 발언으로 주위를 좀 놀라게 해보세요.

무엇보다 인간관계는 정답이 없으므로, 실패를 두려워하지 말고 도전해 보십시오.

개성을 가지고 생활하면 '착한 사람'이
가지고 있는 공허함에서 벗어날 수 있다

'오타쿠'의 힘을 기르는 데 최선을 다한다

여러분, **'동화압력(同化壓力)'**이라는 단어를 알고 있는지요.

동화압력이란, 어떤 특정그룹이 의사결정을 할 때 소수 의견을 가지고 있는 사람들에게 암묵적으로 다수 의견에 맞추도록 강요하는 상태를 가리키는 단어로서, 'Pier Pressure(피어 프레셔)'라고 합니다.

'착한 사람'은 동화압력에 민감하게 반응합니다. 다수파의 공감을 얻는 행동을 적극적으로 취해서 자신의 존재를 인정받으려 노력합니다. 그러나 다수파의 사람들은 그런 행위는 '지극히 당연한 것'으로 여기므로, 누구도 평가해 주지 않을 뿐 아니라 애썼다고 위로해 주지도 않습니다.

한편, 동화압력(同化壓力) 등에 아랑곳하지 않고 태연한 사람들이 있습니다. 그 사람들을 '오타쿠'라고 부릅니다.

당신은 '**오타쿠**'라는 단어에, 어떤 이미지를 가지고 있는지요?

'특정분야 사물에만 흥미가 있는 사람'
'커뮤니케이션 능력이 미숙하고 사회성이 결여된 사람'

이렇게 '오타쿠=한쪽으로 치우침이 큰 사람'이란 이미지가 아직까지 있는지 모르겠습니다만, 저는 '착한 사람'에서 벗어나는 하나의 방법으로 '오타쿠의 힘'을 연마하기를 제안합니다.

오타쿠는 세간의 일반적 상식을 중요시하지 않고 자신이 좋아하는 것에 철저히 빠져듭니다. "그런 것은 하지 말고 이쪽으로 동화하라"는 압력이 와닿지 않는다고 할까요. 좋은 의미로 그렇게 행동해야 할 이유를 이해를 못 하고 있다는 느낌입니다.

'착한 사람'을 벗어나기 위해서는 이렇게 오타쿠로서 있는 것이 중요합니다. **'오타쿠'의 힘을 가지고 있으면 동화압력(同化壓力)에서 이탈할 수 있기 때문입니다.** 실제로 자신이 흥미를 가지고 있는 것이라도, 많은 사람들은 그것에 흥미가 없는 경우가 대부분입니다.

늘 다른 사람에게 휩쓸리는 경향이 있는 '착한 사람'은, 오타쿠가 될 정도로 무엇인가에 열중하고 스스로의 지식을 쌓아올려 타인중심이 아닌 '자기중심적인 나'를 되찾아 주었으면 합니다.

뇌과학적인 차원에서 오타쿠가 가진 열정은 '뇌의 최강엔진'이라 말할 수 있습니다. 오타쿠가 흥미를 가지고 있는 대상을 깊이 있고 꾸준히 파는 것을 가능하게 하기 때문입니다.

여기에서 저의 '오타쿠 경험'을 소개합니다.

저의 모친은 자녀교육에 있어서 거의 방임주의였습니다만, 유일하게 저의 지적 성장을 위하여 열의를 보여준 일이 있습니다.

제가 초등학교에 입학할 때, 근처에 나비 연구를 하고 있는 '오타쿠' 대학생에게 제자로 입문시켜 준 것입니다. 그 당시 저는 나비에는 전혀 관심이 없었고, 하물며 연구에 관해서는 전혀 무관심한 소년이었습니다. 하지만 인간의 뇌는 불가사의하여, 비록 어머니의 한마디가 계기가 되었지만 막상 시작하니 몰두하고 있는 나 자신을 발견하게 되었습니다.

훗날엔 일본 나비학회에 가입하고, 그곳에서 어른들과 교류하며 본격적으로 나비연구에 몰두하는 나날을 보내게 되었습니다. 용돈을 모아 1만 엔이나 하는 나비 책을 사고, 나비에 관한 서적을 보이는 대로 읽고 찾아다니며 정말로 '나비 오타쿠'가 되었습니다.

모친이 나비 연구를 하고 있는 학생에게 저를 제자로 입문시켜서 무엇을 얻고 싶었는지는 지금도 모릅니다. 어쩌면 그저 알게 된 학생이 나비연구를 하고 있었을 뿐일지도 모릅니다. 소년인 제가 그 정도까지 나비연구에 빠져들 줄은 부모로서 상상도 못 했을 것입니다. 그러나 이것이 계기가 되어, 저는 과학에 흥미를 가지기 시작하였습니다. 그리고 어느 날 아인슈타인 위인전과의 만남으로 인해, 뇌과학자로서 지금의 제가 존재하고 있습니다.

이렇게 늘 다른 사람을 신경 쓰지 않고 좋아하는 것에 빠져드는 습관을 가지면 뇌 흐름의 상태가 좋아집니다. 다른 사람이 어떻게 생각할까에 신경 쓰기보다는 눈앞의 것에 집중할 수 있는 정신상태가 됩니다.

오타쿠는 무리하게 다른 사람들에게 동조하지 않습니다. 타인들의 존재는 신경 쓰지 않고, 눈앞의 무엇인가에 열중하고, 어느새 시간을 잊어버립니다.

그리고 그렇게 사물을 대하는 방식이야말로, '착한 사람'을 벗어나게 하는 힘이 됩니다.

시대의 최첨단을 사는 인간관계라는 것은?

시대의 첨단을 살아가는….

이렇게 들으면 뭔가 상당히 멋지게 들립니다.

그럼, 시대의 최첨단을 살아가고 있는 사람이란 도대체 누구일까요.

가상 화폐를 잘 다루는 사람?

자동차에 자동운전을 도입하는 사람?

분명히, 가상화폐나 자동운전은 미래에 있어 해결해야 할 가장 큰 과제이므로 그것들과 관련된 사람에게는 선구적인 이미지가 있습니다.

그렇지만 저의 의견은 조금 다릅니다.

시대의 최첨단을 살아가는 것은, '누구도 정답을 모르는 것을 늘 추구하는' 삶의 방식이 아닐까 생각합니다.

언제든지 쉽게 정보를 얻을 수 있고 어디서나 신속하게 구하는 답이 손에 들어오는 시대입니다. 학생들도

저에게 와서 이런 것을 물어봅니다.

"모기 선생님, 영어공부는 어떻게 하면 능숙해지나요?"

이처럼 우리는 자칫 무엇이든지 '정답'을 요구합니다
만, 사실 대부분의 것에 정답은 없습니다. 영어가 능숙
해지고 싶으면, 온갖 공부를 통해 자신에게 맞는 방식
을 확인해 보면 됩니다.

저는 책을 쭉 읽어보기도 하고, 사전을 뒤적이다 단
어를 외우기도 합니다.

발음에 있어 영국식을 좋아합니다만, 세상에는 온갖
발음이 있으므로 무엇이 정답인지 정의할 수는 없습니다.

지금 일본에서는 많은 사람들이 좋은 대학, 좋은 기
업을 목표로 부모의 기대에 부응하고자 수험공부에 몰
두하는 삶의 방식이 '정답'이라고 생각하고 있습니다.

이것은 분명히 기특한 마음가짐일지 모르지만, 좋은
대학에 들어가고, 좋은 기업에 취직하는 삶의 방식은,
멀지 않아 '정답'이라 여겨지지 않을지도 모릅니다. 애

초에 이런 삶의 방식은 '정답'이 아니라 많은 사람들이 실천하고 있는 '전례(前例)'에 불과합니다.

그럼에도 불구하고 많은 일본인들은 정답을 구하려고 합니다. 그러나 **설령 누군가로부터 쉽게 찾아낸 정답을 받고 만족한다 하더라도, 그것이 어떤 사람에게는 답변이 될 수 있어도 자신에게도 맞는 답변이 될 수 있을지는 모르는 일입니다.** 그것은 인간관계도 마찬가지입니다. 정해진 것도, 한정된 것도 없습니다. 무리하게 정답을 구할 필요가 없습니다.

저는, 올바른 행동을 한 번만 하는 사람보다 틀린 행동을 100회 하는 사람이 절대적으로 배움이 많다고 생각합니다. 그러므로 '정답'을 모르는 것이 세상의 최첨단을 살아가고 있는 증거라고 생각한다면 무엇이든지 즐거울 것입니다.

인간관계에 있어서도 '착한 사람이 되자' '착한 사람이 되어야만 한다'는 '정답'을 추구하는 것은 보람 없는 일이 아닐까요. '착한 사람'으로 사는 것이 '정답'도 아니지만, 모두가 같은 것도 '정답'은 아닙니다. 사람들과 다른 것은 결코 틀린 것이 아닙니다.

먼저 다양한 사람들과의 인간관계에 도전하여, 시행착오를 경험하면서, 자신만의 답을 찾아 갑시다.

이것이 최첨단을 살아가고 있는 인간관계의 모습입니다.

CHAPTER4 정리

. . . .

- '자기표적의 편견'에서 벗어나 '타인은 당신이 생각 하는 만큼 당신의 일을 생각하지 않는다'는 것을 깨 닫자.

- 그래도 부탁받은 것을 거절하지 못하는 '착한 사람' 은 '알맞은 적당함'으로 처리방법을 바꾸자.

- 인간관계의 '식탁 뒤집기'로, 뇌를 버전 업 시키자.

- '오타쿠'는 창피스런 것이 아니므로, '오타쿠의 힘'을 연마하면 '동화압력(同化壓力)'에서 벗어날 수 있다!

- 인간관계엔 정답이 없으므로, '착한 사람'이 아닌 "또 다른 자기"를 발견하고 진정으로 가치 있는 인 간관계를 구축하자.

끝으로

여러분 인생의 CEO가 되라!

끝까지 읽어주셔서 감사드립니다.

이 책에서는 지금까지 '착한 사람'에서 벗어나는 것을 주제로 나름대로의 다양한 인간관계에 대한 조언을 하였습니다.

마지막으로 여러분들에게 전하고 싶은 것은, 성장하는 개성과 성장하지 않는 개성의 차이에 관한 이야기입니다.

'착한 사람'으로 남아있는 사람은, 개성이라는 자원을 사용하지 않고 그대로 방치하고 있는 사람입니다.

'착한 사람'에서 벗어난 사람은, 개성이라는 자원을 채굴하는 데 성공한 사람입니다.

개성이라는 자원을 바탕으로 당신은 다른 사람들에게 자신의 인상을 각인시킬 수 있습니다. 즉, 개성은 살아가는 데 필수 불가결한 에너지입니다.

개성의 자원을 발굴하기 위해서는 '착한 사람'에서 벗어나는 것이 절대적인 조건입니다.

개성의 자원을 채굴할 수 없으면, 당연히 자기 자신을 활용할 수 없으며, 언제까지나 '착한 사람'으로 남아 부가가치는 점점 낮아지게 됩니다. 개성이 부족한 '착한 사람'은 누구와도 '대체할 수 있는 사람'으로서, 결국 존재 가치가 없어집니다.

그렇지만 자신의 개성을 발굴하여 '착한 사람'에서 벗어나면 대체 불가능한, 세상에서 오직 유일한 한 사람이 됩니다.

이렇게 자신의 개성을 늘릴 때 꼭 마음에 새겨야 할

것은, 여러분의 인생에 CEO(최고경영책임자)가 되라는 것입니다.

일반적으로 회사 CEO는 회사경영에 관한 업무 모든 것을 총괄하고, 또 책임을 지는 사람이기에 기업의 실질적인 톱(Top)입니다.

그것과 같이 자신의 시간을 활용하여 무엇을 하며, 내 인생에서 어떤 사람이 되면 행복할 것인가를 생각한다면, 회사원이든 프리랜서든 주어진 입장에 관계없이 사람은 누구나 훌륭한 경영자가 될 수 있습니다.

CEO 입장에서 인생을 생각하면 저는 '착한 사람'이라는 것은 리스크가 많은 잘못된 경영판단이 아닌가 생각합니다. '착한 사람'은 자신의 인생이라는 회사가 크게 성장하지 못하게 하는 인생의 디플레이션 상태를 만들기 때문입니다.

여러분이 자신의 인생을 고도성장시키기 위해서는,

'착한 사람'을 벗어나 대체할 수 없는 ONLY ONE(유일한 사람)을 지향해야 합니다.

저는 뇌과학 연구를 비롯하여 다양한 활동을 하고 있습니다만, '자신이 인생의 경영자'라는 생각을 가지고 있습니다. 저의 경우 경영기반으로 뇌과학이 있고, '쿠오리어'와 '의식'의 해명이라는 주요 업무가 있습니다.

이것은 제가 절대 포기할 수 없는 것입니다만, 연구가 성공할 가능성은 극히 낮다고 할 수 있습니다. 인류가 발견하지 못한 연구이기에, 이른바 고위험 고수익 경영입니다.

그러나 이것들을 그만둘 수는 없다는 것이 저의 경영 판단이므로, 그것을 보완하기 위한 여러 가지의 활동을 하면서 회사를 운영하고 있습니다.

여러분도 '자신이 인생의 경영자'라고 생각하는 마음을 부디 가져보시길 바랍니다. 그리고 '착한 사람'이라는 것이, 자신의 인생경영에서 얼마나 걸림돌이 되고 있는가를 확인해 보시길 바랍니다.

확실히, 인생경영에서 '착한 사람'만은 해서는 안 되는 것입니다.

마지막으로, 이 책이 나오기까지 도와주신 출판 프로듀서 칸바라 히로유키 씨, 학연 플러스출판사 구라카미 씨에게 진심으로 감사드립니다.

모기 겐이치로

'착한 사람 콤플렉스'에서 벗어나 '진정한
나'를 찾는 행복을 얻으시기를 바랍니다.

권선복
| 도서출판 행복에너지 대표이사

아주 어릴 때부터 우리들의 사고방식 속에는 몇 가지
강박관념들이 멍에처럼 지워져 있습니다.

"착해야 한다, 타의 모범이 되어야 한다, 어른 말씀
잘 들어야 한다…."

농경사회의 문화가 뿌리 깊은 한국은 초도시화된 사

회구조로 탈바꿈한 현재까지도 과거의 집단주의 성향을 시원하게 떨쳐버리지 못하고 있습니다. 게다가 남성들의 경우 군대문화 경험까지 더해져 조직 속에서 개인이 희생을 감수하는 것을 당연하게 보는 풍조가 아직도 남아있습니다.

사실 '착함'의 정의조차 제대로 정립해 볼 겨를이 없었던 성장기부터 이 모든 사회적 강박증들이 우리를 짓누르고 성격 형성에 영향을 미쳤으며, 사회에 나가서까지 이 '착한 사람 콤플렉스'의 망령을 떨쳐내지 못하고 있습니다.

혹자는 이것을 우리식으로 '콩쥐병'이라 부르기도 합니다. 그리고 일본에서는 작가 모기 겐이치로에 의해 소위 '착한 사람 콤플렉스'로 명명되었습니다.

일본 여행 중에 낯선 사람과 어깨가 조금만 닿아도 빛의 속도로 "쓰미마셍~"을 외치는 일본인들을 흔하게 경험합니다. 깍듯한 예절과 강박증의 경계를 줄타기하는 그들의 문화를 바라보면, 이 '착한 사람 콤플렉스'로부터 스스로도 벗어나고 싶은 마음이 분명 있었으리라 생각합니다. 그리고 그 내면의 심리가 바로 이 책, 『착한 사람 콤플렉스(complex)'를 벗어나는 뇌의 습관』이 일본 서점가에서 베스트 셀렉션 목록에 오를 수 있었던 이유가 아닌가 싶습니다.

『논어』에 "군자화이부동(君子和而不同), 소인동이불화(小人同而不和): 군자는 화합하되 남들에게 같아지기를 요구하지 않으며, 소인은 같아지려고 하지만 서로 화합하지 못한다."라는 말이 있습니다. 철학자 쇼펜하우어 역시 "우리는 남과 같아지려고 자신의 4분의 3을 잃어버린다."라고 했습니다.

이 책 『착한 사람 콤플렉스(complex)'를 벗어나는 뇌의 습관』을 통해 독자 여러분께서도 착하다는 평을 얻기 위해 나를 잃어버리고 강박증에 걸리게 되는 삶을 청산하고, 진정한 자아를 찾아 행복을 얻으시기를 간절히 기원합니다.

장누수가 당신을 망친다

후지타고이치로 지음, 임순모 엮음 | 값 17,000원

책 『腸(장) 누수'가 당신을 망친다』에서는 생소한 용어인 장 누수에 관해 소개하고 장 누수로부터 일어나는 각종 문제를 설명하고 있다. 다년간 도쿄대 의대 교수로 재직했던 저자가 스스로 만들어 낸 장 건강을 회복하는 레시피를 담고 있어 자극적인 식습관과 음주로 인해 여러 합병증을 겪는 현대인들에게 새로운 식생활 및 습관을 실천하는 데 지침을 줄 것이다.

인생 캘리그라피

이형구 지음 | 값 25,000원

글씨와 그림의 중간적인 위치를 가진 미술 기법인 캘리그라피는 최근 남녀노소 할 것 없이 간단하면서도 정서를 풍요롭게 할 수 있는 대중적 예술로 각광받고 있다. 특히 이 책 『인생 캘리그라피』는 캘리그라피의 기본 개념부터 시작하여 방송·광고에서 인기 있는 캘리그라피 스타일까지 아우르고 있어 한글 특유의 아름다움과 작가의 감성을 담은 미학적 캘리그라피를 누구나 쉽게 배우고 따라할 수 있게 해주는 가이드북이 될 것이다.

양파망으로 짓는 황토집

김병일 지음 | 값 25,000원

이 책 『양파망으로 짓는 황토집』은 자연과 건강의 대명사, 황토집을 약간의 품만 들여 내 손으로 손쉽게 지을 수 있도록 도와주는 가이드북이다. 우리 주변에서 흔히 볼 수 있는 양파망을 이용, '계량화의 기법'으로 황토집 짓는 노하우의 알파에서 오메가에 이르기까지 모든 것을 책임지고 가르쳐주는 이 책은 내 집을 마련하고픈 소박한 꿈을 꾸고 있는 독자들에게 실질적인 길잡이가 되어 줄 것이다.

하이파이브 부부 행복

김진수 지음 | 값 15,000원

이 책은 부부간의 건강한 관계와 소통방식에 대해 얘기하고 있다. 단순히 싸우지 말자는 구호에서 그치는 것이 아니라 어떻게 하면 갈등을 '잘' 풀어 나갈 수 있을 것인가에 관해 고민하며 쓴 책이라고 할 수 있다. 다섯 개의 손가락에 비유되는 각 키워드를 따라가다 보면 가정의 화목을 고민하고 있는 모든 남편, 아내에게 해결의 실마리를 제시해 주는 훌륭한 지침서가 될 것이다.

농업이 미래다

김성수 지음 | 값 15,000원

이 책 『농업이 미래다-6차산업과 한국경제』는 산업화와 고도성장 속에서 우리가 쫓아온 산업 강국에 대한 허상을 깨뜨리고 고도로 산업화된 자본주의 선진국일수록 1차 산업, 즉 농업 기반이 확실하다는 점에 주목하여 농업 경제에 대한 국가적, 개인적 패러다임을 전환할 것을 촉구한다. 경제학 박사로서 저자가 직접 발견하고 컨설팅한 융합농업의 선구사례들 속에서 대한민국 6차 산업의 청사진이 명쾌하게 드러날 것이다.

간절한 꿈이 길을 열다

윤승중 지음 | 값 25,000원

이 책은 많은 역경을 극복하고 조국을 지키는 특전사로서, 삼성전자의 최장수 도쿄 지사장으로서, 그리고 (주)니토덴코의 첫 한국인 사장으로서 불꽃 같은 삶을 살았던 고 윤승중 대표의 자서전이자 꿈을 잃어버린 사람들에게 전하는 희망의 메시지이다. '현실을 벗어나려면 현실보다 큰 꿈에 올라타라'고 이야기하는 윤승중 대표의 후회 없는 삶은 방황하는 대한민국의 모든 세대에게 용기를 전해줄 것이다.

행복한 삶의 사찰기행

이경서 지음 | 값 20,000원

이 책은 『맛있는 삶의 사찰기행』에 이어서 이경서 저자의 108사찰순례를 마무리하는 기록이다. 더욱 깊어진 통찰과 감성으로 마음을 두드리는 이번 책에도 아름다운 사진과 불교에 대한 이야기가 가득하다. 페이지 하나하나마다 해당 사찰에 대한 깊은 지식과 동시에 사찰이 가진 아름다움과 불교의 교훈도 세세히 전달하고자 배려하는 이 책은 우리 땅의 사찰과 함께 우리 불교에 대해서도 알아갈 수 있도록 한 섬세함이 느껴진다.

금융인의 반란

이기철 지음 | 값 20,000원

이 책은 1997년 IMF 환란이 빚은 금융 산업의 현주소와 금융소비자들의 피해 실상, 그리고 대응방안을 논의하고 있는 책이다. 이 책은 불공정하게 구제된 채무불이행자와 실패기업인 324만 명의 금융적폐가 공정하게 재정산되고, 195만 부실 징후 중소기업과 소상공인 문제가 선제적으로 구조조정 되어야만 다시금 민생경제가 회복될 수 있음을 강조했으며, 그 구체적 대안으로 수요자 중심의 선진재기제도와 민생은행 신설을 제시하고 있다.

작은 습관, 루틴

오히라 노부타카 · 오히라 아사코 지음/ 장나무별, 장영준 엮음 | 값 15,000원

이 책 『작은 습관, 루틴』은 우리가 일상적 업무 속에서 스트레스가 되는 다양한 요소의 해결책을 제시한다. 이러한 스트레스의 크기를 느슨하게, 고통으로 느끼지 않고도 충분히 우리들이 해소할 수 있는 작은 단위로 쪼개어 해결할 수 있는 방법을 구체적이고 상세하게 제공하는 책이다. 이 작은 보물지도가 여러분의 조직에서, 가정에서, 새로운 세상과 새로운 삶으로 이끌어주는 마법의 램프를 찾도록 도와줄 것이다.

당질 조절 프로젝트 - 케토제닉 다이어트-

방민우 지음 | 값 17,000원

이 책 『당질 조절 프로젝트-케토제닉 다이어트』는 꼭 필요한 에너지원을 적정하게 섭취하면서 불필요한 당질만을 조절하여 우리 몸의 균형과 조화를 회복시키는 데에 주안점을 두고 있다. 즉 적은 양의 탄수화물 섭취와 지방 분해를 통한 케톤체 공급으로 몸에 필요한 당을 충분히 확보할 수 있는 신체 밸런스를 되찾는 것을 골자로 하여 실생활에 적용 가능한 신세대의 다이어트 법을 제공하고 있는 책이다.

코칭으로 나를 빛내라

박은선 지음 | 값 15,000원

스스로 해답을 찾고 나아가야 한다는 점에서 우리 모두는 똑같이 평등한 길을 걷고 있다. 누구나 마음의 안정과 물질적 풍요를 바란다. 하지만 무턱대고 바라는 것과 일정한 항로를 정해놓고 이 세상을 '항해'하는 것은 다르다고 볼 수 있다. 이 책을 통해 우리는 우리 내면의 길을 따라가면서 스스로 묻고 답하는 과정을 통해 나뿐만 아니라 다른 사람에게도 등대가 되어줄 수 있는 '코칭'의 매력에 빠지게 된다. 스스로 길을 찾고자 하는 모든 이들에게 도움이 될 이야기를 들어보자.

두드려라! 꿈이 열릴 것이다

권익철 지음 | 값 15,000원

이 책 『두드려라! 꿈이 열릴 것이다』의 저자 권익철 원장은 꿈과 희망이라는 화두로 자신에게 최면을 걸었다고 이야기한다. 그는 판금망치 하나를 들고 열악한 자동차 정비공으로서 인생을 시작했으나 꿈과 희망의 최면은 현재 그를 최고의 NLP Master로 만들어 주었다.

꿈을 잃고 방황하는 청춘들에게 이 책이 다시금 심장에 불을 지필 촉매가 되기를 기대해 본다.